소문사설,
조선의 실용지식 연구노트

護聞事說

18세기 생활문화 백과사전

이시필 지음

백승호 부유섭 장유승 옮김

Humanist

서문

　《소문사설(謏聞事說)》은 상당히 독특한 책이다. 온돌, 생활
도구, 음식, 과학지식 등 성격이 전혀 다른 네 편의 저술이 한
권으로 묶여 있기 때문이다. 아울러 이 책에는 도판이 적지
않으며, 그 화풍(畫風) 역시 예사롭지 않다.《소문사설》의 도
판 및 설명 배열 방식을 살펴보면《천공개물(天工開物)》을 비
롯한 명(明)·청(淸)의 과학기술 서적과 밀접한 관련을 맺고
있음을 알 수 있다.

　《소문사설》을 번역하는 과정에서 이 책을 편찬한 이가 숙종
(肅宗)의 어의(御醫) 이시필(李時弼)이라는 사실이 밝혀졌는
데, 그제야 비로소 이 책의 체재가 어째서 이렇게 독특한지
짐작할 수 있었다. 이시필은 숙종을 간호하는 연잉군〔延礽君:
훗날의 영조(英祖)〕을 위해 따뜻한 온돌을 만들어주었으며, 병
으로 입맛을 잃은 숙종을 위해 맛있는 음식을 수소문했다. 그
는 숙종의 눈병을 고치기 위해 신비의 영약으로 알려진 공청

(空靑)을 비롯한 각종 약재의 특성과 효능을 연구하는 한편, 의원 자격으로 사행(使行)에 참여하여 직접 목도한 실용적인 기술과 서적에서 얻은 새로운 지식을 도입, 소개했다. 《소문사설》은 한마디로 숙종의 어의가 기록한 실용지식 연구노트였던 것이다.

　조선 후기 지성사의 의미 있는 흐름이었던 실학(實學)에 대해서는 많은 사람들이 알고 있다. 실학은 이용후생(利用厚生)과 경세치용(經世致用)을 추구하는 실증적, 실용적 학풍이다. 국가 운영을 책임진 사대부(士大夫) 실학자들은 거시적 관점에서 조선 사회가 안고 있는 제도적 문제를 지적하고 그 개혁방안을 마련하는 데 힘썼다. 하지만 그 실행에 필요한 구체적인 단계와 방안을 마련하는 데에는 다소 소홀했던 것도 부정하기 어려운 사실이다. 심지어 이들의 저술 중에는 현실을 도외시한 지적 욕구와 호사취미에 기운 것도 적지 않다.

반면, 사대부가 수립한 계획을 실행에 옮기는 중간계층의 관심사는 사대부와 사뭇 달랐다. 이들의 관심사는 직무와 관련하여 현장에서 즉시 활용할 수 있는 실용적인 지식과 기술이었다. 《소문사설》은 중간계층에게 필요한 구체적이고 실용적인 지식과 기술을 수집, 정리한 책이다. 우리는 이 책을 통해 조선 후기의 지식노동자였던 중간계층이 선진 과학기술을 도입하는 한편, 이를 바탕으로 새로운 지식정보를 생산했다는 사실을 확인할 수 있다.

　　《소문사설》을 번역하면서 역자들은 이 책의 내용을 소화하기에 역량이 부족하다는 사실을 절감했다. 하지만 이 책의 존재와 가치를 더 많은 사람들에게 알리기 위해 이렇게 세상에 선보인다. 역자들이 이 책의 번역에 착수하게 된 계기는, 지적 관심의 폭을 넓혀 분과 학문의 경계를 넘나들어야 한다는 이종묵 선생님의 가르침이다. 이 책이 18세기 지식 시리즈의 하나로 출간되는 데 큰 도움을 주신 안대회 선생님께도 감사드린다. 아울러 난삽하기 짝이 없는 이 책의 내용을 독자들이 이해하기 쉽도록 만들어주신 선완규, 김서연 선생님과 김성천 편집장님께도 고마운 마음을 전한다.

2011년 1월

옮긴이 일동

차례

18세기 조선의 생활문화 백과사전

《소문사설(諛聞事說)》은 숙종(肅宗)의 어의(御醫)였던 이시필(李時
弼, 1657~1724)이 작성한 연구 노트로 책이름은 "생각이 고루하고
견문이 좁은 저자가 보고 들은 이야기를 기록하였다"는 뜻이다.
이 책에는 두 가지 종류의 온돌을 만드는 법, 각종 기계 및 기구 제
작법, 여러 가지 음식 조리법, 그리고 다양한 질병의 치료법과 온
갖 신기한 이야기가 실려 있다. 18세기 동아시아 지식의 매개자
역할을 담당했던 한 의관이 습득한 당대 최고 수준의 지식을 자신
의 필요에 따라 초록하고 편집한 것이다. 이러한 글쓰기 방법은 언
뜻 체계와 계통을 갖춘 글쓰기가 아닌 듯 보이지만, 전통시대에 널
리 인정된 저작(著作)의 방법인 초서(抄書: 다른 책에서 필요한 부분
을 뽑아 기록하는 방식)와 찰기(札記: 조목으로 나누어 간략히 적는 기
록 방식)를 활용한 것이다.

이 책은 세계의 구조와 그 원리를 설명한다든가, 인간이란 무엇

인가와 같은 질문에 대한 해답을 구하던 이념의 세계와는 거리를 두고 있다. 이 책의 저자는 의관으로서 경우에 따라 한중, 한일 외교 행사에 수행원으로 참석하기도 하고, 왕의 건강 관리를 담당하기도 하였다. 비록 신분은 중간계급이었지만 오히려 그렇기 때문에 완물상지(玩物喪志)라는 비난을 염두에 두지 않고 해외에서 얻은 지식과 체험을 적극 활용할 수 있었다.

중인은 사대부와 서민의 중간에서 전문적인 기술을 바탕으로 실무를 담당하는 계층이었다. 행정 실무자인 서리(胥吏), 그리고 역관(譯官), 의관(醫官)을 비롯한 기술직 관원들도 여기에 속한다. 이들은 오랜 실무 경험과 예리한 현실 감각을 바탕으로 국가 운영의 최전선에서 활약하였는데 흔하지는 않지만 자신들의 경험을 글로 남기기도 하였다.《소문사설》은 바로 이러한 실질적인 필요에 따라 현장에서 즉시 활용할 수 있는 실용적인 지식과 기술을 모은 실용 백과사전 성격의 책이다.《소문사설》의 내용은 언뜻 보기에 서로 관계없는 내용을 보고 들은 대로 기록한 것처럼 여겨진다. 하지만 이 책에 실린 내용들은 밀접한 관계가 있으며, 이를 활용하는 데에 국가 정책의 개혁이나 제도의 개선이 필요한 것은 아니다. 한 사람의 힘으로도 충분히 실천에 옮길 수 있는, '현장에서 즉시 활용할 수 있는 실용적인 지식과 기술서'로서의 가치가 두드러진다. 《소문사설, 조선의 실용지식 연구노트》를 읽는 동안 새로운 문물을 적극적으로 습득하고 이를 활용할 방법을 모색하고자 했던 저자의 숨은 고민과 노력을 느낄 수 있으리라 본다.

《소문사설》은 크게 네 부분으로 이루어져 있다.

① 〈전항식(甎炕式)〉: 두 가지 형식의 온돌 제작법.
② 〈이기용편(利器用篇)〉: 다양한 용도의 기계와 기구에 대한 소
   개와 그 제작법.
③ 〈식치방(食治方)〉: 여러 가지 음식의 조리법과 그 효능.
④ 〈제법(諸法)〉: 과학적 지식의 활용법에 대한 잡다한 기록.

현재 《소문사설》은 국립중앙도서관에 한 종, 종로도서관에 두
종이 소장되어 있다. 총 세 종의 《소문사설》 이본(異本)이 존재하
는 것인데, 편의상 3종의 이본을 각기 국도본(승계 古8022~1), 종
로도서관본 A(고543 ○793ㅅ), 종로도서관본 B(고818 ㅅ422)로 지
칭한다.

세 종의 《소문사설》은 모두 표제가 '소문사설'이다. 하지만 책
의 내용에는 약간의 차이가 있다. 이 세 종의 이본을 함께 보아야
《소문사설》의 원래 모습을 재구성할 수 있다. 먼저 이본들의 서지
사항을 정리하면 다음과 같다.

이본	국도본	종로도서관본 A	종로도서관본 B
권책수	필사본 1책(37장)	필사본 1책(65장)	필사본 1책(58장)
형태	22.5×17.0cm 사주단변(四周單邊) 반곽(半廓) 17.2×12.2cm 무계(無界) 10행(行) 18자(字) 주쌍행(註雙行)	31.5×18.0cm 사주단변 반곽 23.0×15.4cm 무계 10행 20~24자 주쌍행	무계 11행 25자 내외
기타	권수제: 護聞事說 표제: 護聞事說	권수제: 護聞事說 표제: 護聞事說 권수 하단: 寶鑑軒藏	표제: 護聞事說
비고	• 〈제법〉이 없음. • 〈식치방〉에 종로도서관본 A에 없는 식혜 만드는 법, 순창고추장 만드는 법, 깍두기, 백어탕, 가마보 꼬치, 배추겨자채 항목이 있음.	• 국도본에 없는 〈제법〉이 있음.	• 〈제법〉만 있으며, 내용은 종로도서관본 A와 상이함.

국도본은 비교적 소략한 편이다. 〈제법〉이 없고 〈전항식〉, 〈이기용편〉, 〈식치방〉 세 부분만 실려 있다. 하지만 국도본의 〈식치방〉에는 다른 이본에 보이지 않는 음식 조리법이 몇 가지 더 실려 있어 참고가 된다.

종로도서관본 A는 완전한 형태에 가까운 이본이다. 〈전항식〉, 〈이기용편〉, 〈식치방〉, 〈제법〉 네 부분이 모두 실려 있다. 국도본과

종로도서관본 A 표지

종로도서관본 A 권수

종로도서관본 B 표지

종로도서관본 B 권수

　종로도서관본 A는 구성과 내용 면에서 동일한 계열의 이본임이
분명하다. 두 이본 모두 사주단변(四周單邊)의 광곽(匡郭)을 붓으
로 그린 필사본이며, 수록된 삽화도 솜씨의 차이는 있지만 상당히
유사하다. 누락된 부분을 제외하면 내용도 거의 일치한다.
　종로도서관본 B는 권수제(卷首題)도 없고 〈제법〉에 해당하는 내
용만 실려 있는데, 이시진(李時珍)의 《본초강목(本草綱目)》, 장로
(張璐)의 《의통(醫通)》, 송응성(宋應星)의 《천공개물(天工開物)》,

호응린(胡應麟)의 《소실산방필총(少室山房筆叢)》, 장거정(張居正)의 《장태악집(張泰岳集)》 등 중국의 서적에서 옮겨 적은 내용이 대부분이다. 종로도서관본 A의 〈제법〉과는 전혀 다른 내용이다. 다시 말해서 표제는 똑같이 '소문사설'이지만, 국도본 및 종로도서관본 A와는 전혀 다른 계열의 이본이다. 본 번역본은 종로도서관본 A를 기준으로 이본을 대조하여 번역했다.

《소문사설》의 저자

이 책의 존재를 처음으로 언급한 사람은 미키 사카에(三木榮)라는 일본인 의학자이다. 미키는 《조선의서지(朝鮮醫書誌)》(1956)에서 이 책에 대해 간략히 설명하였는데, 그는 한국어와 한국사 연구에 조예가 깊었던 아유카이 후사노신(鮎貝房之進, 1864~1946)을 통해 이 책을 보게 되었으며, 아유카이가 가지고 있던 《소문사설》은 의업(醫業)에 종사하는 내관(內官)이 가지고 있던 책을 베껴 쓴 것이었다고 한다.

우리나라 식품문화사에 선구적인 업적을 남긴 이성우(李盛雨, 1928~1992) 교수 역시 《한국식경대전(韓國食經大典)》(향문사, 1981)에서 이 책의 내용을 간략히 다루었다. 이 두 연구자들은 과학사, 식품사, 의학사적 측면에서 이 책의 가치를 높이 평가하였다.

이 책을 처음 소개했던 미키는 이 책의 저자를 역관(譯官)이었던 이표(李杓, 1680~?)라고 하였다. 아유카이가 이 책을 베낄 때

내관에게서 이렇게 들었기 때문이다. 이성우도 미키의 견해를 따라 저자를 이표로 보았으며, 이 책에 1715년경 북경에 다녀온 기록과 선왕(先王)이 병으로 음식을 먹지 못했다는 기록이 있는 점 등을 토대로 이 책의 저작 시기를 1740년대로 추정하였다.

하지만 《소문사설》의 내용을 면밀히 검토해보면, 이 책의 저자가 이표라는 주장과 상충되는 증거들이 보인다. 먼저 〈이기용편〉에는 저자가 이시필로 명기되어 있다. 그리고 국도본과 종로도서관본 A의 〈전항식〉 말미에 실려 있는 발문(跋文)을 살펴보면 〈전항식〉의 저자를 확인할 수 있다.

> 이상의 내용은 내의원 도제조(內醫院都提調) 판부사(判府事) 이상국(李相國)께서 지으신 글이다. 정유년과 무술년 무렵 주상께서 편찮으실 적에 사용원으로 옮겨 숙직한 지가 여러 해였는데, 제조 세 사람과 낭관, 솔속(率屬)들이 모두 엄동설한에 머물러 있을 곳이 없었다. 그래서 도제조의 방과 제조 및 낭청의 방을 모두 이 방법대로 마루를 철거하고 개조하였는데, 비용이 절감되고 일이 줄어들 뿐 아니라 아침에 온돌을 설치하기 시작해서 저녁에 거기서 잠을 잘 수 있었으니, 매우 빠른 방법이라 하겠다. 연잉군(延礽君)께서 시탕(侍湯)하는 틈에 사알(司謁)의 방에서 쉬셨는데, 역시 이 방법대로 온돌을 만들어드렸다. 연동(蓮洞)의 이상국 댁에도 이 방법대로 직돌(直堗)과 풍조(風灶)를 설치하였는데, 참으로 오묘하였다. 관료들의 집에서 이 이야기를 듣고 본받아 실행하려고

하였지만 아직 그러지 못하였다. 우리들 같은 경우에는 힘이 없어 실행할 수가 없으니, 우선 계획을 세우고 비용을 모으며 사람들을 만나면 권하곤 한다.

연잉군(延祁君: 훗날의 영조)이 언급되는 것으로 보아, 서두의 정유년과 무술년은 각각 1717년(숙종 43)과 1718년으로 추정된다. 그렇다면 〈전항식〉은 1717년과 1718년 사이에 내의원 도제조와 판부사를 지냈으며, 연동에 살았던 이씨 성을 가진 재상이 지은 것임을 알 수 있다. 《숙종실록(肅宗實錄)》과 《승정원일기(承政院日記)》를 찾아보면 이 당시 내의원 도제조를 지낸 인물은 이이명(李頤命)이다. 이이명의 집이 서울 연동에 있었던 것도 사실이므로, 위의 기록과 일치한다. 〈전항식〉의 저자가 이이명이라는 증거는 이이명의 증손자 이영유(李英裕)의 기록에도 보인다.

증조부 충문공(忠文公: 이이명)께서는 경세제민(經世濟民)에 유념하시어 강구하지 않은 것이 없으셨으나 당인(黨人)들의 모함을 받아 백 가지 중에 한 가지조차도 뜻대로 할 수가 없었다. 관방(關防), 무예(武藝), 전주(田籌), 정포(丁布)에 관한 내용을 모두 책으로 엮었으나 시행하지 못하셨다. 그리고 만년에 《이용편(利用篇)》을 엮어 간행하였으나 화(禍)를 입는 바람에 실전되었다. 근래에 문충공(文忠公) 민진원(閔鎭遠)의 집안에서 베껴놓은 〈전항식〉 구장본(舊藏本)을 얻어보니 직돌식, 풍조식 온돌법의 도설과 언해가 자세하여 손가락으로 짚는 것처럼 분명히 알 수가 있었다. 이것으로 증조부께서 널리 백성들을 구제하고 이롭게 하시고자 했던 마음을 엿볼 수 있다. 연동 옛집 일암(一庵)은 지대가 높아 눈보라 몰아치는 저녁이면 불길이 구들장을 태우지 않을까 걱정이 되었는데, 풍조식으로 구들을 놓으니 바람을 걱정하지 않아도 되고 땔감도 많이 소비되지 않았으며 방 안이 골고루 따뜻해져서 매우 편하였다.

이이명이 실용적 학문에 많은 관심을 가졌으나 정국의 불안으로 실행에 옮기지 못하였으며, 관련 저술도 당쟁의 와중에 사라진 것으로 보인다. 《이용편》과 〈전항식〉은 이러한 저술의 일부였는데, 《이용편》은 실전되고 〈전항식〉은 훗날 이이명의 증손 이영유가 민진원의 집에서 발견하게 되었던 것이다.

이이명이 지은 〈전항식〉이 민진원의 집에서 발견된 까닭은, 당시 민진원이 내의원 제조였으며, 이이명이 〈전항식〉을 짓자 민진원이 이를 언해하여 널리 알려야 한다고 설득한 일이 있었기 때문이다. 민진원도 〈전항식〉의 내용에 큰 관심을 가졌던 것으로 생각된다.

이영유는 〈전항식〉의 내용이 직돌식과 풍조식 온돌을 설치하는 법이라 하였는데, 이 점은 《소문사설》 〈전항식〉의 내용과 일치한다. 따라서 《소문사설》 〈전항식〉은 본래 이이명의 저술임이 분명하다. 그리고 이 글의 말미에 나오는 연동의 일암(一庵)은 신임환국(辛任換局) 때 죽임을 당한 이이명의 아들 이기지(李器之)의 호이기도 한데, 이곳에도 풍조식으로 온돌을 놓았다는 사실을 알 수 있다. 다만 이영유가 민진원의 집에서 본 〈전항식〉에는 도설과 언해가 함께 수록되어 있었다고 하였으나, 현전하는 《소문사설》의 〈전항식〉에는 온돌의 평면도인 도설은 전하지만 우리말로 번역된 설명, 즉 언해는 보이지 않는다.

그렇다면 이이명의 〈전항식〉을 《소문사설》에 옮겨놓은 이는 누구일까? 국도본 《소문사설》 〈전항식〉 말미에는, "관료들의 집에서 이 이야기를 듣고 본받아 실행하려고 하였지만 아직 그러지 못하였다. 우리들 같은 경우에는 힘이 없어 실행할 수가 없다"라는 기록이 덧붙어 있다. 이 말대로라면 이이명의 〈전항식〉을 《소문사설》에 옮겨 적은 인물은 이이명이 아닌 다른 인물이며, 이 인물은 사대부 관료가 아니라는 사실을 짐작할 수 있다.

그리고 이이명이 지었으나 실전되었다는 《이용편》은 《소문사설》에 수록된 〈이기용편〉을 가리키는 것으로 보인다. 《소문사설》 〈이기용편〉의 첫머리에는 "李時弼著, 李相國命名"이라는 기록이 보이는데, 이 글의 저자가 이시필(李時弼)이며, 〈이기용편〉이라는 이름을 붙인 인물이 이이명이라는 것이다. 이시필이 일상생활에 유용하게 사용할 수 있는 기계와 기구의 제작법을 정리하여 하나의 저술로 엮자, 이이명이 그것을 보고 〈이기용편〉이라는 이름을 붙여주었던 것으로 생각된다.

이상의 내용을 정리하면, 〈전항식〉의 저자는 이이명, 〈이기용편〉의 저자는 이시필이며, 이이명은 〈이기용편〉의 저작에도 관여하였다. 그렇다면 저자가 명시되지 않은 〈식치방〉과 〈제법〉의 저자는 누구일까?

〈식치방〉의 내용을 살펴보면 저자가 궁중의 사정에 매우 밝다는 점과 직업이 의원이라는 사실을 알 수 있다. 예를 들어 동아찜 만드는 법을 기록한 부분에, "상품(上品)으로 맛이 좋다. 낙점을 받아 임금께 올렸다"고 하였으며, 이밖에 토란떡, 황자계혼돈 등을 임금에게 올렸다는 언급도 보인다. 따라서 저자가 궁중에서 음식을 만드는 일에 관여하거나 궁중의 사정에 소상하였다는 사실을 짐작할 수 있다. 그리고 직업이 의원이라는 사실은 다음 기록에서 알 수 있다.

> 예전에 영원위(寧遠衛) 사장(謝長)의 집에서 그의 아내가 사씨의 병을 고쳐준 일에 사례하며 대접해주었는데, 과연 맛이 좋았다.

> 예전에 심양장군(瀋陽將軍) 송주(宋柱)의 집에서 병을 고쳐준 일에 사례하며 작별하는 자리에서 대접해주었다. 우리나라 사람들은 보통 음식이라고 여겼으나, 정사(正使)인 동평도위(東平都尉)가 알아보았다.

그런데 심양장군 송주는 1711년경 심양에 부임 중이었고 정사인 동평위 정재륜(鄭載崙)도 1711년 동지 겸 사은정사로 연행(燕行)한 바 있다. 아래 인용문에 나오는 탁육이라는 인물 역시 1711년 심양의 부도총으로 임명되었다.

예전에 심양의 부도총 탁육(托六)이라는 사람이 대접해주었는데,
요새 들으니 그 사람은 우랄장군이 되어 떠났다고 한다.

《숙종실록》에 따르면 이시필은 1711년 당시 사행길에서 돌아오
던 중 역관 김지남과 함께 심양장군으로부터 백두산 살인 사건을
조사하러 청나라의 조사관이 백두산 지역을 넘어올 것이라는 보고
를 올렸다는 기록이 있는데 이 기록에서 이시필도 1711년 사행에
참여하였음을 알 수 있다. 이처럼 〈식치방〉의 기록은 이시필의 행
적과 일치하는 부분이 적지 않은데, 다음에 인용하는 〈식치방〉의
기록과 《승정원일기》의 기록을 대조해보면 〈식치방〉의 저자가 이
시필일 가능성이 더욱 농후해진다.

내가 예전에 누이의 병 때문에 동래(東萊)에 가서 그것을 구해다
가 죽을 쑤었다. (중략) 내가 도제조(都提調)께 아뢰었더니 전계(傳
啓)하여 들였다.

이이명이 말하기를, "의관 이시필이 일찍이 영남 사람에게 들었는
데, 몸이 아파 입맛이 써서 음식을 먹지 못하는 사람에게 서국미
로 죽을 만들어 먹였더니 (4행 결락) 문후(問候)를 받드니 지금 이
후로 사옹원에서 옮겨 숙직할까 하는데 어떻겠습니까?"라고 하니

임금이, "밤중의 증세를 보고 하자"라고 답하였다.

위의 기록은 《소문사설》〈식치방〉 '서국미(西國米)'에 있는 것이고, 아래의 기록은 《승정원일기》숙종 40년 4월 11일의 기사이다. 《승정원일기》의 기사는 병으로 입맛이 없는 숙종에게 이이명이 이시필에게서 들은 서국미죽을 올리고자 하였다는 내용이다. 두 기록의 내용이 서로 일치하므로 〈식치방〉의 저자 역시 이시필로 보는 것이 옳을 듯하다.

〈제법〉의 저자 역시 명기되어 있지 않으므로 추정할 도리밖에 없다. 〈제법〉에는 중국 서적에서 초록한 내용이 많은데, 주목할 점은 '공청(空靑)'에 관한 기록이 매우 상세하다는 사실이다. 당시 공청은 눈병을 치료하는 신기한 약재로 알려져 있었다. 그리고 이시필은 사행에 참여하여 청나라로 가는 길에 공청을 구해 오라는 임무를 받은 적이 있다. 만년에 눈병이 심해진 숙종을 위해서였다. 숙종은 이시필이 공청을 구했는지 물을 정도였으니, 관심이 적지 않았다는 사실을 알 수 있다.

또 종로도서관본 B의 〈제법〉에는, "내가 옥에 있을 적에 관사 홍중주(洪重周)가 다음과 같이 말하였다"라는 구절이 보인다. 홍중주는 본관이 풍산(豊山), 자는 성범(聖範)으로 1716년 제주목사로 부임하였다가 1717년 7월에 서울로 붙잡혀 와서 투옥된 일이 있다. 이시필도 이해에 공청에 관한 일을 잘못 처리하여 투옥되었으니, 두 사람이 옥에서 만났을 가능성이 다분하다. 이상의 내용으로 미루어 〈제법〉의 저자 역시 이시필로 보는 것이 타당할 듯하다.

이시필의 본관은 경주(慶州)이고 자는 성몽(聖夢)이다. 1678년 의과에 합격하였으며 훗날 숙종의 어의(御醫)가 되었다. 현재 남아 있는 자료에 따르면 이시필이 1694년, 1711년, 1716년, 1717년 등 적어도 4차에 걸쳐 연행한 기록이 확인된다. 이시필은 이이명이 내의원 도제조로 있는 동안 그를 보좌하였으며, 이후 정치적 운명을 같이하였다. 1714년 숙종의 병을 고친 공으로 품계가 통정대부에 이르렀다. 1717년 숙종이 눈병이 심해 청나라로 서담(鼠膽)과 공청을 구하러 갈 사람을 선발하였는데, 이때 민진후가 이시필을 적극 추천하였다. 이시필은 심양에서 공청을 구입하여 공청의 즙을 추출하는 실험을 하였는데, 초기에 약간의 성공을 거둔 사실을 성급히 본국에 보고하였으나 이후 실험이 실패하는 바람에 연행에서 돌아온 뒤 북청에 유배되었다. 1718년(숙종 44) 3월 22일의 일이었다.

1720년(경종 즉위년), 중궁의 병이 심해지자 조정에서는 이시필을 다시 내의원으로 불러들였다. 이시필은 2년간의 유배생활을 마치고 서울로 돌아와 다시 어의가 되었으며, 여러 차례 경종을 진맥하기도 하였다. 그런데 1723년(경종 3), 이시필은 다른 의원들과 임금의 환후를 의논하는 자리에서 노쇠하여 귀가 어두웠던 탓에 말을 잘못 알아듣고, "소 궁둥이로 풀을 먹이는 격〔飼草牛後〕"이라는 실언을 내뱉었다. 이것이 문제가 되어 이시필은 이듬해 제주도로 유배되었는데, 유배지로 가는 도중에 세상을 떠났다.

이시필이 유배된 직접적인 원인은 실언 때문이었으나, 그가 이이명과 친밀하였기 때문에 소론 인사들로부터 미움을 받았다는 사실도 무시할 수 없다. 《승정원일기》 경종 4년 4월 5일 기사에는 이이명과 대립한 소론의 김일경(金一鏡)이 이시필의 실언을 트집 잡으면서, "이시필이 늘 흉역(凶逆: 이이명을 가리킴)의 집을 출입하면서 늘상 역적의 무도한 말을 들었기 때문에 이렇게 말한 것입니다"라고 한 언급이 보인다. 훗날 영조가 즉위하고 노론이 다시 정권을 잡자 이시필 역시 신원되었다.

그렇다면 이이명은 언제 《소문사설》을 편찬하였을까? 앞서 살펴본 〈전항식〉의 말미에는, "연잉군이 시탕하는 틈에 사알의 방에서 쉬셨다"는 구절이 있다. 영조를 연잉군이라고 지칭한 것을 보면, 《소문사설》의 편찬 시기는 영조가 즉위한 1724년 이전이라는 사실을 알 수 있다. 이시필은 1723년 후반부터 구설수에 올라 투옥되었다가 곧 유배되었으므로, 《소문사설》과 같은 저술을 남길 수 있었던 시기는 그 이전이었을 것이다. 또한 이이명은 신임환국으로 사사(賜死)되었는데, 《소문사설》에서는 이이명을 이상국, 도제조, 연동 상국으로 지칭하였다. 신임환국 이후의 저작이라면 이러한 표현은 쓸 수 없다. 따라서 《소문사설》은 1722년 이전에 이미 편찬이 완료된 것으로 보인다. 그리고 연도가 확인되는 최후의 기록이 〈식치방〉 '붕어죽'에 있는, "경자년(1720)에 대궐에서 죽을 쑤어 따뜻할 때 임금께 올렸더니 맛이 자못 좋다는 하교가 있었다"는 기록이므로,《소문사설》의 편찬 시기는 1720년에서 1722년 사이로 추정된다.

《소문사설》의 저자 이시필은 내의원 의원으로서 어의에까지 오른 인물이다. 이시필의 신분과 직책을 고려하면, 전혀 상관없는 것처럼 보이는《소문사설》의 네 부분이 서로 깊은 관련을 맺고 있다는 사실이 드러난다. 이시필은 숙종의 병이 깊어지자 연잉군이 시탕할 곳에 열효율이 좋은 온돌이 필요하였기에 이이명의 〈전항식〉에 따라 온돌을 만들고, 그 과정과 결과를《소문사설》에 옮겨 적었던 것이다. 또한 숙종의 병을 치료하고 음식을 올리는 일을 맡았던 이시필은 내의원과 사옹원의 잡무를 더 효과적으로 처리할 수 있도록 자잘한 생활도구를 개량하고자 했을 것이다. 이것이 그가 〈이기용편〉을 편찬한 이유로 생각된다. 〈식치방〉의 편찬은 병으로 입맛이 없는 숙종에게 맛있는 음식을 올리고자 하는 의도에서 비롯되었으며, 〈제법〉은 숙종의 병을 치료하는 과정에 필요한 약재 및 기타 잡방을 연구하며 남긴 기록으로 볼 수 있다. 결국 〈전항식〉, 〈이기용편〉, 〈식치방〉, 〈제법〉이《소문사설》이라는 하나의 책으로 엮이게 된 까닭은, 바로 내의원 의관인 이시필이 여러 차례의 사행과 중국 서적의 열람을 통해 궁중에서 국왕의 병을 치료하는 과정에서 필요한 지식과 기술을 정리하여 한 곳에 묶어놓았기 때문이다. 각 부분의 성격은 상이하지만 이시필의 입장에서 필요한 지식과 기술이 모여 실용적인 생활백과사전이 만들어지게 되었던 것이다.

《소문사설》의 내용

〈전항식(甎炕式)〉—열효율을 배가한 벽돌식 온돌

〈전항식〉에서는 벽돌을 이용하여 열효율을 배가한 벽돌식 온돌 설치법을 설명한다. 18세기 초반에 이르면 온돌의 수요가 급격히 증가하여 대갓집에서는 노비의 방까지 온돌을 설치하였다고 한다. 문제는 이로 인해 땔감 가격이 폭등하였다는 사실이다. 땔감을 적게 쓰면서도 방을 계속 따뜻하게 유지할 수 있을 정도로 열효율이 높은 온돌이 절실히 필요하였다.

조선의 전통 온돌은 자연석을 이용하여 만드는 이른바 '덤벙 온돌'이었다. 자연석을 놓고 그 위에 흙을 발라 틈을 메우는 방식으로 만들었는데, 따뜻하기는 하지만 규격화된 벽돌을 빈틈없이 쌓아 만든 온돌보다는 열손실이 컸던 것이 사실이다.

'전항식'은 만주족의 난방 시설인 캉(炕)을 조선식으로 개량한 벽돌식 온돌이다. 벽돌식 온돌은 시공이 편리하고 짧은 기간에 완성할 수 있다는 장점이 있다. 문제는 조선에 규격화된 벽돌을 만드는 기술이 부족하였다는 사실이다. 이 때문에 이시필은 벽돌 제조법을 〈제법〉에 따로 자세하게 남겨두었던 것이다.

〈전항식〉에는 '직돌식'과 '풍조식' 두 가지 온돌 제작법이 실려 있다. 직돌식은 벽돌을 쌓고 아궁이를 내어 불을 때는 비교적 전통적인 방식의 온돌이다. 풍조식은 직돌식 온돌에서 공기의 흐름을 고려하여 벽돌의 배치를 바꿈으로써 자연스럽게 온기를 빨아들이는 구조로 된 온돌이다. 이 온돌 역시 규격화된 벽돌을 사용한다. 풍조식 온돌은 아궁이의 입구가 크지만 온돌 내부로 연결되는 통로는 작다. 이로 인해 아궁이가 공기의 압력 차이로 불을 강하게 일으키는 풀무 기능을 하며, 아궁이에서 발생한 온기는 지그재그로 온돌 속으로 빨려 들어간다. 그 결과 "땔나무 반 다발만 때고도 밤을 지낼 수 있을 정도"로 열효율이 높았던 것이다.

〈이기용편(利器用篇)〉―의관(醫官)이 도입한 생활 기기

〈이기용편〉에는 이시필이 사행에 참여하여 청나라에 갔을 때 인상 깊게 보았던 실용적 기기의 제작법과 사용법이 실려 있다. 간혹 우리나라 사람이 창안한 것도 보인다. 이시필은 새로운 기기에 대한 이해를 돕기 위해 그림을 싣고 설명을 덧붙였는데, 이처럼 기기를 도설(圖說)로 설명하는 방법은 1637년 명나라에서 간행된 《천공개물(天工開物)》에서 선례를 찾을 수 있다. 《소문사설》 〈제법〉에도 《천공개물》을 보라는 언급이 있으므로, 이시필 역시 《천공개물》을 열람하였다는 사실을 알 수 있다. 또한 《소문사설》의 도설은 조선풍 그림이 아니라 《천공개물》과 유사한 중국풍 그림이라는 점에서, 〈이기용편〉이 《천공개물》로부터 어느 정도 영향을 받았으리라 추정된다. 특히 종로도서관본 B에는 《천공개물》을 인용하고 있어서 이시필이 《천공개물》을 의식했음을 알 수 있다. 이는 당시로서 굉장히 이른 시기의 기술 수용으로 당대 세계 수준급 기술력에 대한 접근 노력이다.

〈이기용편〉에 수록된 기기들은 수렵 및 어로를 위한 기기, 곡물 저장 및 탈곡, 착유를 위한 기기, 방직을 위한 기기, 기타 생활 소품 등으로 분류할 수 있다. 수렵 및 어로용 기기로는 물에 넣었다 뺐다 하면서 물고기를 잡는 칼, 얕은 여울에서 2중의 그물을 설치하고 도르래를 이용해 그물을 건져 올리려 물고기를 잡는 그물, 메추라기의 성질을 이용하여 잡을 수 있도록 지게에 큰 그물을 장착하여 만든 메추라기 잡는 그물, 요즈음의 쥐덫과 흡사한 쥐 잡는 기구 등이 있다.

곡물 저장용 기기로는 기름을 넣어도 새지 않는 싸리독, 누리장나무로 엮은 상자에 소똥과 석회 가루를 발라 만든 곡식 저장고 등이 있고, 탈곡용 기기로는 앉아서 곡식을 체로 걸러내면서 두 손으로는 신을 꿰매거나 실타래를 지을 수 있는 도구, 한 발로 곡식을 빻을 수있는 외다리 방아, 나귀가 뱅뱅 돌며 맷돌을 돌려 곡식을 빻는 기구, 칼날이 무뎌지거나 손가락이 잘릴 염려가 없는 작두 등이 있다. 착유용 기기로는 한 번에 10곡의 기름을 짤 수 있는 대형 착유기와 나막신에 신골 박듯이 나무를 박아 넣어 기름을 짜내는 소형 착유기 등이 있다.

방직용 기기로는 하루에 수백 근의 목화씨를 빼는 기계, 한 번에 100움큼의 실을 잣는 기계 등이 있다. 이밖에 생활 소품으로는 바람을 세게 일으켜 화력을 강하게 만들어주는 풍로불무〔風爐鞴〕, 자루가 빠지지 않게 타원형으로 구멍을 뚫어 만든 도끼, 술을 짜내고 남은 찌꺼기가 썩지 않도록 분리형으로 제작한 술주자, 등잔걸이가 돌아갈 수 있게 해서 행여 등잔을 치더라도 등잔이 넘어져 불이 나는 것을 방지한 등잔걸이, 메주 삶을 때 콩을 뜨기 쉽게 만든 콩 뜨는 구기, 요즘 국숫집에서 볼 수 있는 국수 뜨는 쇠 국자, 삽목이 부러지지 않게 삽날에 자루를 집어넣은 삽, 잿물로 만든 비누 등이 있다. 심지어 중국식 요강에 대한 소개도 있다.

이시필은 기기를 설명하면서 당시 조선에서 통용되던 명칭을 한글로 표시해두어 독자의 이해를 도왔다. 이는 그가 중인 이하 하층민도 이 책의 독자로서 상정하였음을 보여준다. 또한 〈이기용편〉에 소개된 기기들은 개인이 제작하여 쓸 수 있는 것이 대부분이다. 이시필은 사행에서 얻은 견문을 바탕으로 약간의 수고를 들여 제작하거나 개량하여 실생활에 유용하게 쓸 수 있는 도구들을 소개하였다. 이 점에서도 '실용'에 대한 사대부와 중인의 관념 차이를 발견할 수 있다. 외바퀴 수레의 제작법에 덧붙인 다음의 기록을 살펴보자.

내가 중국에 갔다가 외바퀴 수레로 물건을 운반하는 것을 보았는데 매우 편리해 보였다. 그러나 북경에는 도랑이나 구덩이 같은 험한 곳이 없으니 이것을 사용할 수 있지만, 우리나라는 그렇지 않아 열 걸음 안에 도랑이 네댓 군데가 넘으니, 어찌 수레를 사용할 수 있겠는가? 또 북경은 길이 넓어서 수레 두 대가 오고 갈 수 있지만 우리나라는 그렇지 않다. 골목이 좁아서 겨우 한 사람이 지나다닐 만한 곳도 있고, 골목이 구불구불하여 말을 타고 지나갈 수 없는 곳도 있다. 수레가 무슨 방법으로 다닐 수 있겠는가?

외바퀴 수레는 박제가의 《북학의(北學議)》에도 등장한다. 박제가는 수레의 제작법은 간략히 설명한 반면, 제도와 유통의 측면에서 수레의 효용을 소상히 설명하였다. 반면 이시필은 실용적 도구라는 관점에서 수레의 제작법과 사용법을 설명하는 데 중점을 두었으며, 이를 조선의 현실에서 사용할 경우 발생하는 문제도 고민한 흔적이 엿보인다. 〈이기용편〉이 기기의 제작법과 사용법에 대한 구체적인 매뉴얼의 성격을 지닌 저술이라는 사실을 다시 한 번 확인할 수 있다.

〈식치방(食治方)〉—한·중·일 삼국의 음식 요리법

〈식치방〉이라는 제목은 음식 치료법이라는 뜻이다. 전통 음식문화는 의학과 밀접한 관련이 있으며, 특히 궁중음식은 의학적 영향을 면밀히 검토하고 나서 진상하였다. 따라서 의관이 음식의 조리에 관여할 수 있었다. 〈식치방〉에 실린 음식들은 환자의 입맛을 돋우어 병세를 호전시키는 효과를 발휘하는 것이 많다. 〈식치방〉 곳곳에 "낙점을 받아 임금께 올렸다"는 언급이 보이므로, 이시필이 병환으로 입맛이 없어진 숙종에게 올릴 음식을 고민하고 여러 가지 시도를 하였다는 사실을 확인할 수 있다.

〈식치방〉에는 궁중 요리사들이 개발한 음식도 있고, 이시필이 중국을 다녀오면서 직접 맛본 음식도 있으며, 일본 음식도 몇 종 소개되어 있다. 동아찜, 송이찜, 메밀떡, 토란떡, 붕어구이, 붕어찜, 황자계 만두, 굴만두, 만두 전골, 날꿩 장, 전복 소 등은 이시필이 궁중의 숙수나 사복시 거덜, 양반가의 노비 등에게서 배워 임금에게 올린 음식들이다. 이시필은 이 음식을 조리한 요리사들에 대해서도 자세히 기록하였는데, 각종 찜과 떡은 숙수 박이돌, 붕어구이는 사복시 거덜 지엇남(池㐌男), 붕어찜과 모로계잡탕은 장악원 주부 민계수(閔啓洙)의 종 차순(次順)이 만들었다고 한다. 황자계 혼돈은 사용원 창고지기 권타석이 만들었으며 숙수 넉쇠와 이돌이도 함께 배웠다고 한다.

이밖에 마늘장아찌, 솜사탕, 유즙가루, 새끼돼지 찜, 호떡, 계란탕, 신선로, 연근녹말가루죽, 오이장아찌 등은 이시필이 중국에 가서 직접 먹어본 음식이거나 숙종을 위해 일부러 찾아낸 음식이다. 서국미는 일본에서 동래로 들여온 것인데, 숙종의 밥맛을 돋우기 위해 올렸다고 한다. 아울러 우리나라 각 지방의 특색 있는 음식도 실었는데, 서울 식혜보다 맛이 좋은 개성 식혜 만드는 법과 순창고추장 만드는 법 등이 바로 그것이다.

이시필은 〈식치방〉에서 음식 조리법을 상세히 설명하되, 흔히 맛보기 어려운 진기한 음식을 집중적으로 소개하였다. 따라서 한국, 중국, 일본의 여러 가지 음식이 언급되어 당시 음식문화의 단면을 엿볼 수 있다. 〈식치방〉은 보양식 제조법이자 한·중·일 삼국의 음식을 망라한 음식문화의 종합적 기록이므로 우리의 전통 음식문화를 더욱 풍부하게 해줄 수 있는 저술이다. 또한 숙수, 거덜, 노비가 당대의 전문 요리사였다는 사실을 반영하는 언급이 곳

곳에 보이므로, 새롭고 편리한 기술에 관심을 가지고 이를 습득하고자 하였던 여러 계층의 인간 군상을 발견할 수 있다.

〈제법(諸法)〉―의관의 연구 노트

〈제법〉은 종로도서관본 A와 종로도서관본 B에 실려 있다. 종로도서관본 A의 내용은 거의 《본초강목》에서 초록한 것이고, 종로도서관본 B는 《본초강목》은 물론 송응성의 《천공개물》, 장로의 《의통》, 호응린의 《소실산방필총》, 장거정의 《장태악집》 등 여러 책에서 초록한 것이다. 중국의 서적을 초록한 내용이 대부분이라 자료적 가치는 다소 떨어지지만, 초록하는 과정에서 자신의 견해를 덧붙인 예가 자주 보인다. 예컨대 중국과 일본의 인주를 소개하고, 이를 개량한 조선식 인주 만드는 법을 덧붙인 부분을 볼 수 있는데, 외국의 문물을 소화하고 개량하는 모습이 엿보여 주목된다.

〈제법〉에서 다루는 분야는 매우 광범위하다. 우선 화학, 생물학, 광물학, 의학 등 자연과학의 여러 분야에 해당하는 내용을 들 수 있다. 연단술과 연금술, 도금하는 법, 화약 제조법 등은 화학과 관련된 내용으로 분류할 수 있고, 어류, 조류, 그리고 무소나 코끼리 같은 거대 포유류 등에 대한 기록과 꽃, 풀, 약초, 과일 등에 대한 기록은 생물학과 관련된 내용으로 볼 수 있다. 마취하는 법, 안경 만드는 법 등은 의학적 지식으로 분류할 수 있다. 이밖에 일상생활에서 유용한, 염색하는 법, 탁본하는 법도 소개하는 등 그 관심분야를 한 가지로 정리하기 어렵다.

심지어 도망간 사람을 돌아오게 하는 법, 돈을 돌아오게 하는 법, 몸을 감추어 보이지 않게 하는 법, 바람을 부르는 법, 효도하는 아내 만드는 법 등 다소 황당무계한 내용도 실려 있다. 이러한 내용은 지금의 관점에서 보면 비과학적이지만 당시로서는 나름의 근거와 논리에 바탕한 지식이었다.

〈제법〉에서 특히 자세한 부분은 공청과 안경에 대한 내용이다. 공청은 눈병을 치료하는 데 사용하는 약재인데, 1714년 이후 숙종의 눈, 특히 왼쪽 눈이 급격하게 나빠졌기 때문에 이시필이 남다른 관심을 쏟으며 연구하였기 때문일 것이다. 안경에 대한 내용 역시 눈병 치료의 일환으로 기록한 것으로 보이는데, 근시용, 원시용, 난시용 안경에 대한 개념을 바탕으로 안경 제작법과 그 원리를 설명하고 있어 주목된다.

이밖에 벽돌 제작법에 대한 기록도 상세하다. 벽돌 제작법은 동시기 사대부들의 저술에서도 자주 보이지만, 구체적인 제작 단계보다는 벽돌 사용의 이점이나 효과를 강조하는 데 치우쳐 있는 것이 사실이다. 하지만 《소문사설》의 벽돌 제작법은 그 과정이 매뉴얼 수준으로 체계적이고 상세하다는 점에서 더욱 가치가 있다. 이 점은 〈이기용편〉에서 발견되는 실용적 관점과 일치한다. 벽돌 제작 과정을 여러 단계로 나누고 단계별로 과제를 설정하여 설명하였는데, 벽돌 반죽을 만들기 위한 전지(甀池)를 만드는 과정, 벽돌을 찍어내는 과정, 벽돌 굽는 가마의 형태와 제작 과정, 가마 안에 벽돌을 굽기 위해 쌓는 과정, 벽돌을 굽는 과정, 그리고 땔감에 대한 기록까지 있다. 〈전항식〉에는 역관 이석채가 벽돌 굽는 기술을 중국에서 배워 오자 수어청에서 그 기술을 시험했다고 한 부분이 보이는데, 중인층이 선진 문물의 수용 과정에서 담당한 역할을 엿볼 수 있다.

《소문사설》의 가치

《소문사설》은 이시필이라는 의관이 자신의 업무와 관련된 실용적인 기술에 관심을 가지고 관련 지식들을 찾아 모은 백과사전과 같은 저술이다. 18세기의 사대부들이 북학(北學)을 통해 국가 운영이라는 거시적인 관점에서 사회 개혁 방안을 모색하였다면, 이시필과 같은 중인들은 실무자의 입장에서 현장에서 즉시 활용할 수 있는 구체적인 지식과 기술에 관심을 두고 새로운 문물을 수용하였다. 《소문사설》에는 이들이 역관 또는 의관의 자격으로 수차례 중국을 왕래하면서 당시 조선 사회에 필요한 지식과 기술을 도입하기 위해서 노력하였던 사실이 잘 드러난다.

당시 사대부들은 연행을 계기로 청나라의 선진 문물을 접하였으나, 여전히 대명의리론(大明義理論)에 얽매여 이를 수용하는 데 소극적이었다. 그러나 의관이었던 이시필은 이러한 이념적 구속이 비교적 덜하였기에, 사대부와 달리 새로운 문물을 도입하는 데 적극적이었던 것으로 보인다. 게다가 그가 《소문사설》에서 소개한 정보들은 일반 백성들에게 더욱 유용한 것이었다는 점에서, 백성들의 생활을 편리하게 하고 삶을 풍요롭게 하려는 이용후생(利用厚生)의 성격을 지닌 저작이라고 하겠다.

《소문사설》의 성격을 한마디로 정리하자면, 의식주(衣食住)의 모든 것을 다룬 이용후생의 저작이라고 하겠다. 《소문사설》은 실무자가 실용적 차원에서 내용을 하나하나 단계별로 기술하였기 때문에 현재에도 그것을 재현할 수 있을 정도로 자세하며, 이 점은 당대의 저작에서 좀처럼 볼 수 없는 중요한 특징이다.

1장
벽돌로 만드는 새로운 온돌 제작법

전항식[*] 甎炕式

직화방식 온돌直燭式

터를 잡고 먼저 주위에 담을 쌓는다.—속칭 화방(火防)이다.—
그 방법은 다음과 같다. 먼저 온돌을 놓을 몇 칸 정도의 땅을 정하
고 벽돌이나 돌덩이로 주위에 담장을 쌓는다. 높낮이는 적당하게
한다.—만약 마루가 높아서 같은 높이로 하려면 마루 높이에 따
라 만든다. 영조척(營造尺)¹으로 두세 자이다.—앞쪽 한가운데에
아궁이 입구가 있어야 한다. 일단 벽돌 두 개 정도 너비만큼은 쌓
지 말고 아궁이를 만들 때까지 기다린다.

땅을 평평하게 한다. 그 방법은 다음과 같다. 담장 안에 흙을 채
우고 튼튼한 절구로 매우 평평하게 만든다. 높이는 담장을 넘지 않
게 한다.—벽돌 두 개의 두께와 소방전(小方甎)의 높이를 헤아려
서 모두 몇 치인지 정하고 흙을 쌓되 담장 높이를 넘지 않는다.—

아궁이 구멍을 판다. 그 방법은 다음과 같다. 땅을 다진 후에 주
위를 두른 담장〔周墻〕 앞면의 담장을 쌓지 않은 곳 안에 길이 벽돌
세 개, 너비 벽돌 두 개, 깊이 두 자쯤 땅을 판다.—담장 밖도 이
와 같이 한다.—3면을 파고, 나머지 땅에 벽돌이나 돌로 3면을 모
두 쌓는다. 구덩이 아래에 벽돌 여섯 개를 깔고 구덩이 위는 길고

---

* 《소문사설》의 온돌 제작법에는 본디 전항식이라는 제목이 없다. 그러나 서울대학교
   규장각한국학연구원에 소장되어 있는 이영유(李英裕)의 《운소집(雲巢集)》 가운데 〈전
   항식발(甎炕式跋)〉이라는 글을 보면, 《소문사설》의 온돌 제작법이 〈전항식〉이라는 저
   술을 옮겨 적은 것임을 알 수 있다.
1 목수가 쓰는 자. 목척(木尺)이라고도 하며, 주척(周尺)의 1자 9푼 9리에 해당한다.

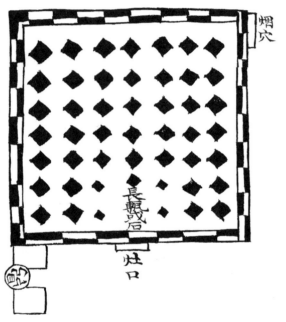

직화방식 온돌 평면도. 《소문사설》 국립중앙도서관 소장본(이하 '국도본').

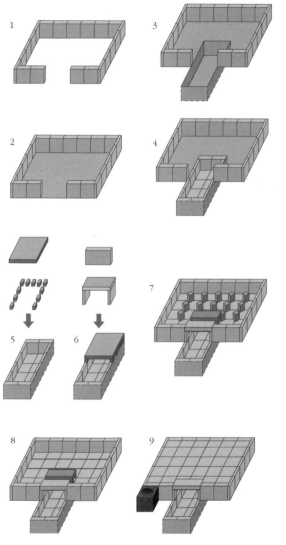

직화방식 온돌 제작법을 표현한 입체도(숫자는 순서를 의미).

큰 벽돌[長大甎]이나 박돌석(薄墼石)으로 덮는다. 그 왼쪽, 오른쪽, 뒤쪽은 모두 작고 얇은 벽돌 파편으로 지탱하여, 빈틈을 만들어 불이 통할 수 있는 길을 낸다. 구덩이 앞면 왼쪽, 오른쪽 담장 끝에는 다시 벽돌 하나를 세우고 그 위에 긴 벽돌[長甎]이나 돌로 아궁이 입구를 만든다. 이어 아궁이 구멍 위에 담장을 마저 쌓는다.

지전(地甎)을 깐다. 그 방법은 다음과 같다. 담장 안의 다져진 땅 위에 벽돌을 까는데, 촘촘하고 평평하게 하여 (아궁이) 구덩이 옆까지 깐다.

소방전을 배열한다. 그 방법은 다음과 같다. 지전 위에 소방전을 줄지어 세운다.—소방전은 높이 다섯 치, 사방 세 치이다.—종횡으로 균일하게 배열하되 거리는 벽돌 하나만큼 두고 반드시 모서리가 사방의 벽을 향하도록 한다. 벽돌 반쪽을 지전 밖에 가로로 세운다. 높이는 소방전과 나란하게 한다.—만약 소방전이 없으면 돌 조각[石片]으로 그 모양을 만들어도 되고, 톱으로 벽돌을 잘라 조각으로 만들어도 된다.—

상전(上甎)을 깐다. 그 방법은 다음과 같다. 소방전 위에 벽돌을 놓는다. 벽돌 네 개의 모서리가 함께 하나의 소방전 위에 얹히도록 한다. 벽돌(상전)이 연결된 곳이나 소방전 위에 올려놓은 곳에는 수석회(水石灰)로 그 틈을 바르고, 벽돌 끝이 사방의 벽과 맞닿은 곳도 회를 두껍게 발라 그 틈을 메운다. 구덩이 위에 덮은 큰 벽돌 위에 다시 여섯 개의 벽돌을 깔면 두 겹이 된다. 얇은 벽돌을 이용하여 여섯 개의 벽돌을 지탱하고, 높이는 다른 상전들과 수평을 이루도록 한다. ─ 북경에서 굽는 벽돌은 매우 정밀하여 크기와 두께가 가지런하다. 캉(炕)[2]의 벽돌은 다른 벽돌에 비해 약간 크고, 네 모서리가 반듯이 깎여 있어 서로 잘 맞는다. 그런 이유로 캉의 표면은 깎은 듯하고 줄을 그은 것처럼 가지런한 모양이다. 우리나라의 벽돌은 그렇지 못하다. ─

연기구멍을 낸다. 그 방법은 다음과 같다. 구들의 왼쪽이나 오른쪽 모퉁이에 편한 대로 큰 대통만 한 작은 구멍을 낸다. 땔나무 반 묶음이면 구들 한 칸을 따뜻하게 할 수 있다.

솥에 불 땔 곳을 붙인다. 그 방법은 다음과 같다. 한가운데에 아궁이를 만들지 말고 반드시 한 귀퉁이에 네모난 아궁이를 만든다. 굴뚝에 솥을 앉히고 불을 땐다. 위와 같이 구덩이를 만들어 불기운이 옆으로 들어가게 한다.

풀무식 온돌風灶式

주위에 담을 쌓고 지전을 까는 것은 직돌식과 같다. 앞면의 아궁이 놓을 곳에 작은 타원형의 구멍을 내고 쌓는다. ─타(楕)는 좁으면서 길다는 뜻이다. 그 구멍의 모양은 수직이다. ─

바람구멍을 판다. 그 방법은 다음과 같다. 앞면에서부터 담장 너머에 걸쳐 중간 부분을 파되, 마치 원통 두 개처럼 두 구덩이가 서

─────

2_중국 북방 지대의 살림집에 놓는 방의 구들.

로 연결되게 한다. 깊이는 각각 포척(布尺)[3]으로 두 자이다. 중간
은 넓고 입구는 좁으며, 위로 구멍이 열려 있어 호로(胡壚) 모양과
같다. 두 구멍이 서로 통하게 하되 작은 틈을 두는데 겨우 두세 푼
정도이다. — 위쪽 입구의 지름은 네 치 정도이다. —

수전(竪甎)과 상전을 배열한다. 그 방법은 다음과 같다. 지전 위
에 벽돌을 가로로 세워 괘획(卦劃)처럼 늘어놓는다. — 벽돌의 가
로는 영조척으로 네댓 치를 넘지 않게 한다. — 한 줄 건너 서로 마
주하게 하고 그 위에 상전을 놓는다. 직돌식처럼 수석회를 발라 틈
을 메운다.

장작불을 구멍에 넣는다. 그 방법은 다음과 같다. 먼저 구멍에
숯불을 넣는다. 볏짚이나 가느다란 섶을 묶는데, 구멍 크기에 들어
갈 정도로 한다. 길이는 적당히 한다. 이것을 숯불 위에 넣는데, 손
으로 섶을 잡고서 넣고 꺼낸다. 조금 있으면 연기가 저절로 올라오
면서 구멍 입구에서 바람이 생겨 섶을 태운다. 교차하여 쌓은 벽돌
이 불기운을 빨아들여 한 줌의 섶이면 구들 하나를 따뜻하게 할 수
있다. 연기구멍은 직돌식과 같다. 좌우에 구멍을 내어도 좋다.

재를 버린다. 그 방법은 다음과 같다. 바깥쪽에 파놓은 바람구멍
의 담장 반대편 땅에 다시 네모난 구덩이를 파는데, 깊이는 바람구
멍과 똑같이 만든다. 암키와로 재를 버리는 구멍을 꼭꼭 덮는다.
— 구멍의 높이는 서너 치 정도로 좁다. — 위는 대방전(大方甎)으

| 3_ 베의 길이를 잴 때 쓰는 자.

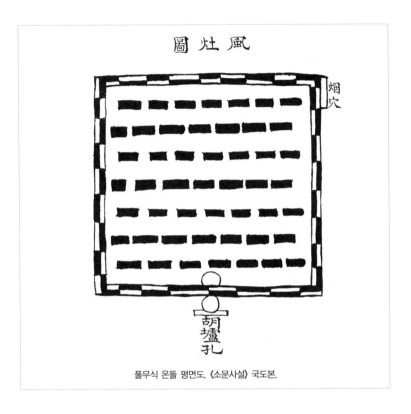

風灶圖

烟穴

胡壚孔

풀무식 온돌 평면도. 《소문사설》 국도본.

로 덮는다. 재를 치울 때는 열어서 재를 꺼낸다. 도로 덮어두면 평소에는 평지와 같다.

백성들의 풍속은 검소하다가 사치하게 되기는 쉬우나, 사치하다가 검소하게 되기는 어렵다. 검소함을 강조하여 사치한 풍속을 교화하지 못하고, 간소하게 하여 비용을 절감하지도 못한다면, 그 폐해는 마침내 천재지변보다 더 심해질 것이다.

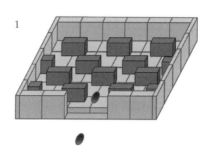

1

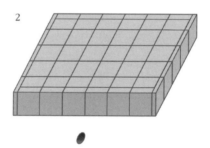

2

3

풀무식 온돌 제작법을 표현한 입체도(숫자는 순서를 의미).

우리나라에는 산과 바위가 많다. 그래서 나라의 풍속은 바위로 온돌을 만들고 땔나무를 태워 불을 때는 것이다. 그러나 옛적 숲이 곳곳마다 울창했을 때조차 옛사람들은 도리어 나무꾼들의 고충을 염려하여 선사 처마가 구름 위로 솟아오르고 단청의 빛깔이 찬란한 서울의 큰 집이라 하더라도 한 집에 온돌은 방 하나에 불과하였다. 그래서 노인과 어린아이들은 온돌에 살고 젊고 튼튼한 이들은 모두 마루에 살면서 한 방에 자리를 두텁게 깔고 겨울을 지냈으니, 지금의 등메[4]가 바로 이것이다. 이 때문에 사람들은 대부분 건강하여 혈고(血枯)[5]나 이소(理踈)[6] 같은 병이 없었다.

중세 이래로 사치한 풍속이 더욱 널리 퍼지자 사람들은 대부분 약해지고 옛날에 마루였던 곳은 모두 온돌이 되었다. 지금 큰 집에는 여남은 개의 온돌이 있고 적어도 네댓 개는 되니 천한 노비들까지도 온돌에 살고 있다. 그래서 사람이 날로 약해져 조금만 추워도 병이 생긴다. 게다가 도성 백 리 안의 산은 모두 연거푸 병충해를 당하여 나무꾼들의 고충이 지난날보다 백 배는 더하고, 땔나무가 계수나무처럼 귀해져서 가난한 사람들은 밥을 지어 먹을 수 없을 정도이며, 부유한 사람들은 땔감에 드는 비용이 옷과 밥에 드는 비용보다 많은데도 습속이 변할 줄 모른다. 살아갈 방도는 점차 줄어

4_헝겊으로 가장자리 선을 두르고 뒤에 부들자리를 대서 꾸민 돗자리.
5_피가 부족하여 생기는 병. 가슴과 옆구리가 더부룩해지고, 여자의 경우 월경이 적어지거나 폐경이 되기도 한다.
6_튼살. 피부가 마르고 트는 것.

드는데 어찌 간소하게 하고 비용을 절감하는 방법으로 그 고충을 해결하려고 하지 않는가?

중국 산동(山東) 이남 지역에서는 방에 불 때는 아궁이가 없고 모두 침상에서 잠을 잔다. 오직 동북 지방의 높고 추운 곳에만 온돌이 있는데, 이 또한 그다지 넓지 않아서 세로가 몇 칸이라도 가로는 반 칸 정도에 불과하다.

내가 일찍이 중국에 사행 갔을 적에 아궁이 만드는 방법을 자세히 살펴보았는데, 전부 벽돌을 사용하였다. 볏짚과 석회로 불을 때는데 우리나라에서 땔나무를 쓰는 것에 비하면 비용은 겨우 10분의 1이지만 항돌(炕堗)로 추위를 막을 수 있었다. 땅이 평야지대이므로 산에서 나무를 구하기가 어려워 예로부터 이러한 제도가 있었다고 한다.

우리나라 사람 중에는 간혹 중국의 온돌 설치하는 방법을 배워 온 사람이 있다. 역관(譯官) 김지남(金指南)이 이 제도를 알았다고 하는데 지금은 죽어서 전하지 않는다. 요새 들으니 평안도 사람인 박천군수(博川郡守) 박동추(朴東樞)[7]가 여러 번 중국에 갔다가 이 제도를 배워 왔다고 하였다. 그래서 그에게 물어보고 이와 같이 도설(圖說)을 만들어 기록한다. 또 들으니 역관 이석채(李碩采)가 북경 사람들의 벽돌 빨리 굽는 방법을 배워 왔다고 한다. 수어청(守

7_ 1670~?. 평안도 의주(義州) 사람으로, 자(字)는 홍기(弘機)이다. 1697년 무과에 합격하여 희천(熙川), 박천(博川), 곽산(郭山), 벽동(碧潼), 창성(昌城), 거창(居昌), 삼수(三水) 등지의 수령을 역임하였다.

禦廳)에서는 남한산성에 가마를 만들고 시험하였는데, 견와서(甄瓦署) 장인들의 벽돌 굽는 방법보다 효과는 갑절이면서 비용은 적었으며 벽돌도 지극히 튼튼하였다고 한다. 이것은 북경의 흙과 같은 성질의 흙을 얻었기 때문이다.

만약 이 방법이 유행한다면 벽돌은 예전보다 흔해질 것이다. 벽돌이 흔해져 쉽게 얻을 수 있고, 거기다 이 온돌 만드는 방법을 본뜬다면, 땔나무를 때는 비용이 열에 일고여덟은 절약될 것이며 벽돌을 사는 비용으로 바위를 가져오는 수고를 대신할 수 있을 것이다. 그 비용이 절감되리라는 사실을 분명히 안다면, 온돌을 본떠 만드는 것은 권하지 않더라도 다투어 할 것이 분명하다.

사옹원(司饔院)으로 옮겨 숙직하는 곳에서 온돌을 고칠 일이 있어서 시험 삼아 북경의 방법에 따라 벽돌로 온돌을 만들었더니, 겨우 땔나무 반 다발만 때고도 밤을 지낼 수 있었으니 그 방법이 참으로 오묘하다. 제조(提調) 민진원(閔鎭遠)[8]이 그 도설을 언해(諺解)해서 민간에 전해야 한다고 하기에 그 말을 따라 이것을 시작으로 삼는다. 사대부 집에서 먼저 실행하면 백성들도 반드시 많이들 본받을 것이다.

이상의 내용은 내의원 도제조(內醫院都提調) 판부사(判府事) 이상국(李相國 : 이이명)께서 지으신 글이다. 정유년(1717)과 무술년

---

8 1664~1736. 본관은 여흥(驪興)이고 자는 성유(聖猷), 호는 단암(丹巖)·세심(洗心), 시호는 문충(文忠)이다. 민유중의 아들이자 송준길의 외손이다.

(1718) 무렵 주상께서 편찮으실 적에 사옹원으로 옮겨 숙직한 지가 여러 해였는데, 제조 세 사람과 낭관, 솔속(率屬)들이 모두 엄동설한에 머물러 있을 곳이 없었다. 그래서 도제조의 방과 제조 및 낭청의 방을 모조리 이 방법대로 마루를 철거하고 개조하였는데, 비용이 절감되고 일이 줄어들 뿐만 아니라 아침에 온돌을 설치하기 시작하면 저녁에 거기서 잠을 잘 수 있으니, 매우 빠른 방법이라 하겠다. 연잉군(延礽君)께서 선왕(先王)의 병간호를 하시다가 종종 사알(司謁)의 방에서 쉬셨는데, 역시 이 방법대로 온돌을 만들어드렸다. 연동(蓮洞) 정승 댁에도 이 방법대로 직돌(直堗)과 풍조(風竈)를 설치하였는데, 참으로 오묘하였다. 벼슬아치들이 이 이야기를 듣고 본받아 실행하려고 하였지만 아직 그러지 못하였다. 우리 같은 경우에는 힘이 없어 실행할 수가 없으니, 우선 계획을 세우고 비용을 모으며 사람들을 만나면 권하곤 한다. 아! 사람들이 이전의 습속에 안주하여 고치기를 게을리 하는 것이 이와 같구나. 그런데 사치스러운 복식과 머리 모양은 어찌도 그리 빠르게 유행한단 말인가?

9_ 정규 관원이 아니라, 관서에 소속된 심부름꾼. 소통사(小通事), 소동(小童), 사령(使令), 마직(馬直), 시한(柴漢) 등을 가리킨다.

2장

생활 도구 제작법

이기용편*

利器用篇

물고기 잡는 칼 撽魚刃

— 음(音)은 촉(蜀)이고, 찌른다는 뜻이다.

쇠를 두드려서 장대를 만드는
데, 지름은 붓대롱 크기로 한다.
길이는 두 자 정도로 하고, 조금
휘게 만든다. 역방향으로 칼날(逆
刃)을 박는데, 길이는 한 치 정도
로 하고, 넉 줄로 각각 10여 개의
칼날을 박는다. 또 탄력 있는 나뭇
가지로 자루를 만든다. 길이는 거
의 한 길 남짓으로 하고, 끝을 파
서 (쇠막대가 들어갈 수 있는) 구멍
을 낸다. 그 장대를 서너 차례 (물에) 넣었다 뺐다 한 다음에 꺼내
면 물고기가 모두 꽂혀서 나올 것이다.

물고기 잡는 칼.
《소문사설》 국도본.
나무 막대에 칼날을
역방향으로 박아서 물
에 넣었다 빼면 물고
기가 걸려 올라온다.

물고기 잡는 그물 網魚具

— '戽'의 음은 호(戶)이다. 파개[1]이다.

얕은 여울이나 물살이 잔잔한 곳에서 사용한다. 먼저 베로 보자

---

* 이시필(李時弼)이 짓고, 이상국(李相國)이 이름을 붙였다.
1 배에서 쓰는 두레박.

물고기 잡는 그물. 《소문사설》 국도본. 그물을 2중으로 설치하고, 물고기가 들어오면 지렛대를 이용하여 끌어 올린다. 지금도 중국 및 동남아 지역에서 이용된다.

기를 만들고 네 가장자리에 동아줄을 묶어 그물을 만든다. 가장자리 쪽[邊幅]은 바짝 매고, 가운데 쪽[中幅]은 느슨하게 맨다. 또 나무 말뚝을 박아 움직이지 않도록 한다. 곡물을 그 속에 뿌려 미끼로 삼는다. 그런 다음 길이와 넓이가 약 서너 자 되는 촘촘한 그물을 만들어 까는데, 보자기를 만드는 것과 같이 한다. 탄력 있는 긴 나뭇가지를 네 모서리에 묶어 수직으로 세우고, 모아서 묶는다. 또 물가에는 나무로 도르래 모양의 기계를 만들어 땅에 단단히 박는다. 그것의 가운데 부분에 수직으로 구멍을 뚫어 긴 나뭇가지를 꽂고, 다른 쪽 끝은 (긴 나뭇가지를) 모아서 묶은 곳에 매어놓는데, 마치 등을 걸어놓은 것 같다.

(그물이) 떠오르려고 해도 네 모서리의 밧줄이 나무 말뚝에 매여 있으므로 떠오르지 않는다. 가라앉으려고 해도 위의 나뭇가지가 바짝 잡고 있으므로 가라앉지 않는다. 형세상 물에 잠겨 있지 않을 수 없다. 도르래의 허리에 또 구멍 하나를 가로로 뚫어 한 자쯤 되는 나무를 구멍에 넣는다. 그런 다음 밥이나 쌀을 그물에 넣으면 물고기가 다투어 모여 먹는다. 이때 한 자쯤 되는 나무를 땅바닥 쪽으로 당기면 그물이 들리면서 저절로 따라 올라온다. 물고기는 저절로 물이 없는 곳에 있게 된다. 그러면 뜰채로 건져 올린다.

메추라기 잡는 그물 捕鶉網

먼저 기다란 댓살이나 다래나무[2]로 테두리를 만드는데, 둘레는 대여섯 자이다. 그런 다음 따로 네 개의 댓살을 일정한 간격으로 붙이고 윗부분을 모은다. 그러면 삿갓 모양이 된다. 여기에 그물을 씌운다. 또 나무로 기구를 만드는데, 나무꾼이 땔나무를 지는 도구와 같다. —속칭 지게[負機]라 한다.— 좌우에 기둥을 세우고 조금 긴 기둥 끝을 삿갓 윗부분의 댓살에 매단다. 이 지게를 메고서 사

2_ 다래나뭇과의 낙엽 활엽 덩굴나무. 잎은 어긋나고 긴 타원형이며 톱니가 있다.

메추라기 잡는 그물. 《소문사설》종로시립도서관 소장본(이하 '종로본'). 메추라기가 곧장 위로 날아오르는 습성을 이용하여 만들었다.

냥개를 끌고 황초(黃草)가 있는 곳을 다닌다. 메추라기는 오로지 곧장 위로만 날아가는 습성이 있기 때문에 다리 사이에서 (메추라기가) 날아오를 때 사냥꾼이 갑자기 주저앉으면 (메추라기는) 이미 그물에 잡혀 있다. (메추라기를) 꺼내어 허리춤에 매단 그물 주머니에 넣는다. 매를 풀어서 잡거나 그물을 던져 잡는 것에 비교하면 매우 빠르다. —메추라기가 풀 속에서 발자국 소리를 들으면 반드시 먼저 날아갈 것이다. 어찌 사냥꾼이 오기를 기다렸다가 날아가겠는가? 반드시 이렇게 되지는 않을 것 같다.

쥐 잡는 기구捕鼠機

— '好'는 구멍이라는 말이다. '肉'의 음은 유(有)이니 몸통이라는 뜻이다.

먼저 쇠를 거울 모양으로 만든다. 거울 모양의 가운데를 깎아내어 구멍을 내는데, 구멍은 크고 테두리는 작게 한다. (또 다른 쇠의) 코 부분을 타원형으로 깎아내어 구멍을 내고, 반으로 굽혀서 못이 있는 곳에 오게 한다. (거울 모양으로 만든 쇠의) 테두리 사방에 권정(圈釘)[3]을 박는다.

또 쇠를 가지고 젓가락 크기의 둥근 몸체를 만든다. 양쪽 끝을 좌우 권정 속에 넣는데, 권정 밖으로 튀어나온 부분은 빠지지 않도록 대가리를 만든다. 권정 안에 있는 젓가락 모양의 쇠 윗부분 양쪽에는 쌀알처럼 튀어나온 부분을 만들어 기발(機發: 스위치)로 삼는다. 그리고 가운데 허리에는 송곳처럼 조금 길고 뾰족한 부분을 만들어 미끼를 매다는 도구로 삼는다.

또 쇠를 가지고 둥근 고리를 두 쪽으로 나눈 것 같은 모양을 만든다. 양쪽 끝에는 튀어나온 부분이 있는데, 마치 놋그릇에 있는, 세속에서 이른바 거호(擧戶: 들쇠)라고 하는 쇠의 모양과 같다. 쇠의 가운데 허리에는 또 조그맣게 돌출된 부분을 만든다. 고리의 주위에는 톱니가 있다. 반쪽 고리 두 개가 서로 교차하며 꽉 무는 도

| 3_대가리가 둥근 고리 모양으로 되어 있는 못.

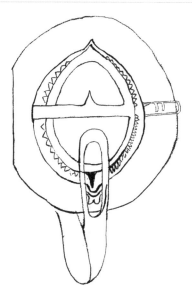

쥐 잡는 기구. 《소문사설》 종로본. 미끼를 건드리면 자동으로 닫힌다. 지금의 쥐덫과 비슷하다.

쥐 잡는 기구를 입체도로 표현한 그림.

구이다.

그 고리 끝의 튀어나온 부분을 앞뒤의 권정에 넣는다. 한쪽 끝은 반드시 거울 끝에 있는 쇠의 타원형 구멍을 관통하게 하여, 그것이 펼쳐진 상태로 잠기게 한다. 그다음에 두 개의 반쪽 고리가 열린 채로 고정되게 한다. 그러면 고리 가운데의 튀어나온 부분과 젓가락 끝의 튀어나온 부분이 서로 교차하면서 하나는 가로로, 하나는 세로로 의지하여 기발이 된다.

송곳 끝의 미끼가 한 번 움직이면, 젓가락 모양의 쇠는 지극히 둥글기 때문에 마치 쌓아놓은 계란처럼 쉽게 무너진다. 두 곳의 튀어나온 부분이 제자리를 잃으면, 거울 끝에 있는 쇠의 굽혀진 곳이 저절로 펴지고, 고리 중간의 톱니가 서로 맞물린다.

송곳이 움직이면 튀어나온 부분이 풀리고, 튀어나온 부분이 풀리면 거울 끝에 있는 쇠의 굽혀진 부분이 펴진다. 거울 끝에 있는 쇠가 펴지면 고리 중간의 이빨이 서로 맞물리니, 쥐가 어떻게 빠져나갈 수 있겠는가?

풍로 불무風爐鞴

―('鞴'의) 음은 패(覇)이니, 행상(行箱) 또는 풍상(風箱)이다. 속칭 풀무라 한다.

우리나라의 풍로와 같이 화로를 만든다. 풍로 옆에는 몇 치쯤 땅을 파서 나무 소반 하나를 묻고, 나무 소반의 다리를 덮는다. 다리

풍로 불무. 《소문사설》 국도본. 가죽 주머니를 이용하여 바람을 불어넣는다.

옆에는 숙마(熟馬)[4] 가죽으로 만든, 밑이 뚫린 주머니를 끼워 못을 박는다. 옆으로 작은 구멍을 내어 화로에 통하게 한다. 한 사람이 주머니 입구를 벌려 바람을 불어넣고 입구를 움켜쥐고 있다가 힘껏 누른다. 그 모습은 우리나라 어린아이들이 입속에서 꽈리 열매를 굴리면 저절로 소리가 나는 것과 같다. 누르면 다시 일어나게 되는데, 바람이 세고 화력도 맹렬하다.

| 4_ 길이 잘 든 말.

기름 짜는 기구(대형). 《소문사설》 국도본. 양 옆에서 쇠 고리를 치면, 가운데의 판자가 아래로 눌리면서 기름을 짜게 된다.

기름 짜는 기구(대형) 大榨油機

먼저 주춧돌을 땅속에 묻고 가운데를 깎아 기둥을 세울 구멍을 만든다. (주춧돌) 옆에 구멍 하나를 뚫고 나무못을 박아 (기둥이) 위로 빠지지 않게 한다. 양쪽 기둥 사이에 맷돌과 같은 돌 하나를 묻고 그 표면에는 등뼈와 늑골 모양을 새겨 대홈통 모양의 철제 깔때기[鐵嘴]를 꽂을 수 있도록 한다. 깔때기 앞에는 항아리 하나를 묻는다. 양쪽 기둥 사이의 모양은 씨를 빼는 기계[去核機] 같다. 기둥 바깥 양쪽에는 쇠사슬을 묶은 돌절굿공이를 매달아놓는다.

기름 짜는 기구(소형). 《소문사설》 국도본. 나무 말뚝을 하나씩 채워넣으면 들깨를 채운 포대가 압축되면서 기름이 나온다.

　삼을 꼬아 만든 줄로 열 말 정도 크기의 포대를 만들어 찐 들깨를 집어넣고 새끼줄로 입구를 묶는다. 쇠로 고리〔籀〕를 만들고 포대 수십 개를 단단히 쌓은 뒤 위에는 판자 하나를 놓는다. 양쪽 기둥을 관통하는 가로목을 넣고, 가로목 양쪽 끝에는 한쪽 끝은 뾰족하고 다른 쪽 끝은 큰 나무못을 박는다. 좌우의 돌절굿공이를 사용하여 두 사람이 소리를 맞추어 (쇠 고리를) 치면 기름이 폭포처럼 쏟아진다. 쇠 고리가 서로 겹치면 멈추고 다시 쪄서 다시 짠다. 한 번 짜면 거의 10여 곡(斛)⁵이 나온다.

| 5_곡은 열 말이다.

실 잣는 기계. 《소문사설》 국도본. 한 번 조작해서 　　　　승거(繩車), 《삼재도회(三才圖會)》.
　　　　다량의 실을 뽑아낸다.

기름 짜는 기구(소형) 小窄油機
— '榨'의 음은 훤(喧)이니, 우리말로는 '골박다'이다.

　성질이 단단한 나무(또는 돌)를 사용하여 우리나라의 나막신 모
양으로 만든다. 한쪽 머리에는 구멍을 뚫어 주둥이를 만든다. 들깨
를 쪄서 포대에 담아 두세 겹으로 세워 고정시키고, 작은 판자로
사이를 떼어놓는다. 따로 나무 말뚝을 판자 바깥쪽에 박는다. 갓바
치가 가죽신을 새로 만들면서 신골을 박는 것처럼 두드리면 주둥
이에서 기름이 나온다.

싸리독. 《소문사설》 국도본.
싸리나무로 항아리를 엮고 방수재를 발라서 새지
않도록 한다.

실 잣는 기계 徽索機

우리나라의 삼수아(三手兒: 미상) 만드는 법처럼 만들되, 단지
긴 나무막대로 만든다. 하나에 서른 개의 구멍을 뚫고 다른 하나에
열 개의 구멍을 뚫으면 한 번 움직일 때마다 백 움큼의 실을 짤 수
있다.

싸리독 杻骨瓮

— '荊'은 '누리광이'[6]이다. '檾'의 음은 형(荊)이니, '어저귀'[7]
이다.

싸리나무 줄기나 누리장나무 가지로 항아리를 만들고, 석회 가
루와 대충 썰어놓은 어저귀에 기름을 섞어 만든 반죽을 발라서 햇

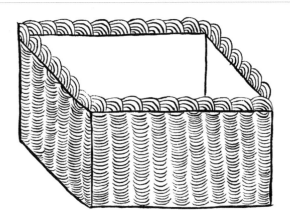

누리장나무 창고. 《소문사설》 국도본. 누리장나무로 큰 상자를 만들고 방수재를 바른다. 곡식 수십 섬을 저장할 정도로 크다.

볕에 말리면 기름을 담아도 새지 않는다. 항아리 안에만 바르고 항아리 밖에는 바르지 않는다.

누리장나무 창고荊量

누리장나무 가지로 우리나라의 고리〔杻籠〕 같은 상자를 만든다. 안에는 수십 섬의 곡식이 들어갈 정도이다. 소똥이나 석회 가루를

6_ 누리광나무를 말하는 듯하다. 누리광나무는 누리장나무의 옛말이다. 마편초과의 낙엽 활엽 관목으로, 높이는 2~3미터이며 잎은 마주나고 달걀 모양이다. 한국의 황해도 이남, 일본, 중국, 대만 등지에 분포한다.
7_ 아욱과의 한해살이풀. 줄기는 높이가 1.5미터 정도이며, 잎은 어긋나고 둥근 모양으로 가장자리에 둔한 톱니가 있다. 인도가 원산지로 한국, 일본, 중국 등지에 분포한다.

넣고 어저귀 썬 것과 섞어 만든 반죽을 그 안에 바른다. 곡물을 저장해두었다가 사다리를 놓고 꺼내다 쓴다.

체 내리는 도구 下篩具
― '㼜'의 음은 창(昌)이니 '신챵'이다.

한 칸짜리 집의 사방에 화방(火坊)[8]을 쌓고, 담 앞뒤로 중방(中防)[9]을 얹는다. 화방과 지면에는 석회를 발라 깨끗이 한다. 두 중방의 가운데를 반달 모양으로 깎아낸다. 둥근 막대를 두 개의 반달 모양 홈에 올려놓아 매끄럽게 회전하도록 한다. 큰 체를 둥근 막대 위에 놓고 끈으로 체의 네 모서리를 묶어 견고하게 한다. 여기에 밀기울[10]을 담아서, 한 사람이 말을 타는 모습으로 둥근 막대 위에 올라타고 왼발로 땅을 디디면 오른발이 땅에서 한 치쯤 떨어진다. 왼발, 오른발을 모두 그렇게 하면 둥근 막대가 절로 돌면서 밀기울이 눈처럼 떨어진다. 올라탄 사람은 두 손이 자유로우므로 신창을 꿰매거나 실타래를 짓는다.

또는 가죽끈으로 둥근 막대의 끝을 꿰어 아래로 드리운다. 우리

8_ 땅에서부터 중방 밑까지 돌을 섞은 흙으로 쌓아 올린 벽.
9_ 벽의 중간 높이에 건너지른 인방(引枋). 문중방(門中枋), 중방(中枋).
10_ 밀을 빻아 체로 쳐서 남은 찌꺼기.
11_ 불을 피우기 위하여 바람을 일으키는 기구의 하나. 땅바닥에 장방형(長方形)의 골을 파서 중간에 굴대를 가로 박고 그 위에 골에 꼭 맞는 널빤지를 걸쳐놓은 것으로, 널빤지의 두 끝을 두 발로 번갈아가며 디뎌서 바람을 일으킨다.

체 내리는 도구. 《소문사설》 국도본. 둥근 막대를 타고 앉아 좌우로 움직이면 체가 움직여 곡식을 걸러낸다. 손으로는 다른 일을 할 수 있다.

외다리 방아. 〈대(碓)〉, 《천공개물(天工開物)》. 외다리 방아의 원리를 표현했다.

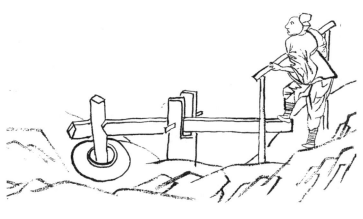

외다리 방아. 《소문사설》 종로본.

나라의 골풀무[11] 모양과 같다. 가죽끈으로 판자 끝을 묶고 한 사람이 풀무의 널빤지 위에 서서 밟으면 체가 절로 돌아간다. 이것은 작은 기계이다.

외다리 방아 隻脚碓

돌로 절굿공이를 만들고, 머리 부분에 횡으로 구멍을 낸다. 나무로 외다리 디딤대를 만들어 절굿공이의 구멍에 넣는다. 그 모양은 장도리와 같다. 디딤대의 중간 부분은 갈라진 나무로 받쳐야지 두 개의 기둥으로 받쳐서는 안 된다. 외기둥을 묻고 바로 앞에 구멍 하나를 파서 디딤대의 높낮이를 적당히 조절한다. (외기둥) 옆에 구멍 하나를 뚫고 비녀장을 끼워 빠지지 않도록 한다. 그 형세가 머리는 무겁고 몸통은 가볍기 때문이다.

번지 磟碡機

— '磟碡'의 음은 무독(繆毒)이다. 우리말로 '번지'[12]이다.

길이 석 자, 둘레 한 자쯤 되는 돌을 둥근 기둥 형태로 만든다. 가운데 세로로 구멍을 뚫고 가로목을 끼운다. 가로목 양 끝에는 끈을 매어 소에 따비를 매는 것처럼 당나귀에 멍에를 씌운다. 씨를

12_흙을 고르거나 곡식을 긁어모으는 데 쓰는 농기구.

번지. 〈간도급숙도(赶稻及菽圖)〉, 《천공개물》. 번지를 사용하여 탈곡을 하고 있다.

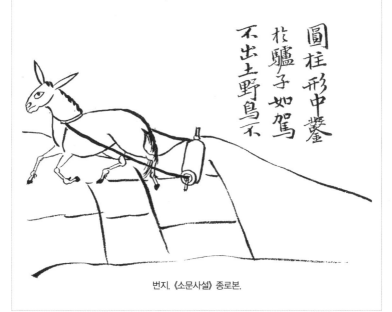

圓柱形中鏨
枝驢子如駕
不出土野鳥不

번지. 《소문사설》 종로본.

뿌리고 난 후 이것을 끌고 다니면 씨가 흙 밖으로 나오지 않아서 들새가 파먹지 못하고 씨도 튼튼하게 뿌리를 내린다.

곡식 빻는 기구搗練子

큰 돌을 맷돌[磨板] 모양으로 만들고 가운데에 구멍을 뚫는다. 단단한 나무로 된 기둥을 꽂아서 세워놓는다. 또 돌로 번지[礰磟機]를 만들고 단단한 나무로 가로목을 만들어 구멍 안에 집어넣는다. 구멍 밖으로 나온 가로목 한쪽 끝에 구멍을 뚫고 맷돌에 꽂아놓은 기둥에 연결한다. 그 가로목 바깥쪽 끝 조금 긴 곳으로 당나귀에 멍에를 메우고, 동아줄로 잡아당겨서 바깥쪽으로 달리지 않게 한다. 담요나 옷 조각으로 바깥쪽을 향한 눈을 가리면 종일토록 맷돌 주위를 뱅뱅 돈다. 껍질이 있는 곡식을 펴 넣으면 방아를 찧는 것과 다를 바 없고 힘도 매우 절약된다.

다른 방법은 우리나라의 가루 빻는 방법[磨末法]과 같다. 위와 같은 방법으로 당나귀에 멍에를 메거나 말, 소, 노새에게 멍에를 메되, 소나 말이 도망가지 않게 한다. 다만 그 맷돌 구멍에 곡식을 넣는 일은 원숭이 심부름꾼에게 시키는 경우도 있고, 맷돌 표면이 조금 움푹하게 기울어져 있어서 맷돌이 돌면 곡물이 절로 흘러들어가는 경우도 있다.

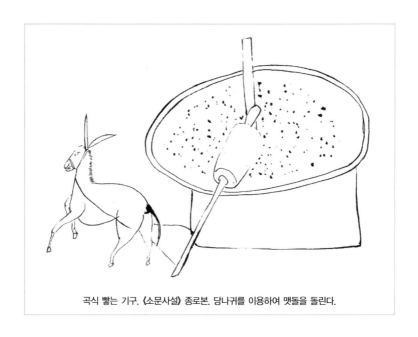
곡식 빻는 기구. 《소문사실》 종로본. 당나귀를 이용하여 맷돌을 돌린다.

작두 鍘刀子

―('鍘'의) 음은 칠(七)이고, 작두이다. 중국음은 자(自)이다.

두께 한 자 또는 일고여덟 치, 길이 두 자쯤 되는 목판의 한쪽 끝
가운데를 톱질하여 중간까지 가른다. 그 사이에 작두를 넣는다. 도
안(刀眼)[13]을 낼 곳에 구멍을 뚫고, 쇠로 대롱 모양을 만들어 양쪽
옆에 넣고 다시 둥근 쇠젓가락을 꽂는다. 바로 우리나라의 고두쇠[14]

13_ 환도(環刀)의 몸이 자루에서 빠지지 않게 하기 위하여, 슴베와 아울러 자루에 비녀장
　　따위를 박는 구멍.
14_ 작두나 협도(鋏刀) 따위의 머리에 가로 끼는 것으로, 날과 기둥을 꿰뚫는 끝이 굽은 쇠.

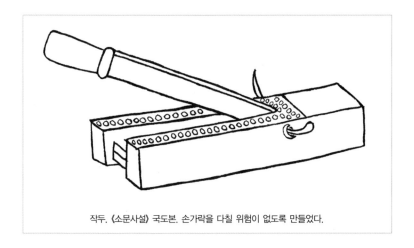

작두. 《소문사설》 국도본. 손가락을 다칠 위험이 없도록 만들었다.

같다. 톱으로 가른 양쪽 옆에 쇳조각을 펴 놓고 못으로 박으면 못머리가 밖으로 서너 푼 삐져나와서 마치 이빨이 늘어선 모양과 같다. 볏짚을 움켜쥐고 썰 때 비뚤어지는 폐단이 없다. 또 칼날이 목판에 닿지 않으므로 쉽게 무뎌지거나 캄캄한 밤에 손가락이 잘릴 걱정이 없다.

타원형 자루의 도끼 斧子楕銎

　—윗글자〔楕〕의 음은 타이니, 구멍이 좁고 길다는 뜻이다. 아랫글자〔銎〕의 음은 공이니, 도끼 구멍이라는 뜻이다.

　도끼 자루 구멍은 네모나거나 둥근데 모두 좁고 길다.—이치상 그럴 것 같다.—도끼를 사용할 때 도끼날이 돌아가거나 빠져서 다칠 걱정이 없다.

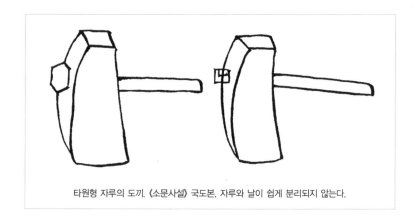

타원형 자루의 도끼. 《소문사설》 국도본. 자루와 날이 쉽게 분리되지 않는다.

술주자 酒槽[15]

— '黴'의 음은 디이니, 곰팡이이다. '菌'의 음은 균(勻)이니, 군내[16]이다. '焘'의 음은 부(孚)이니, 삶는 것이다. '醭'의 음은 복(卜)이니, 골마지[17]이다. '畚'의 음은 본(本)이니, 삼태기이다.

넓은 판자로 바닥판을 만드는데, 늑골 모양으로 깎는다. 또 바닥도 없고 뚜껑도 없는 궤짝을 바닥판 위에 놓는다. 장강목(長杠木), 곡두목(曲頭木)은 우리나라와 같으나 다만 장강목 한쪽 끝에 둥근 자루를 끼우기 때문에 술통이 뒤집어질 염려가 없다. 돌을 매달아 압축하여 술을 거를 때에는 삼태기의 네 모서리를 장강목 끝에 매달고, 크고 작은 돌덩이를 조금씩 채운다. 그러므로 술자루가 찢어

15_ 술을 거르거나 짜내는 틀. 주자(酒榨).
16_ 본래의 맛이 변하여 나는 좋지 않은 냄새.
17_ 간장, 된장, 술, 초, 김치 따위 물기 많은 음식물 겉면에 생기는 곰팡이 같은 물질.
18_ 열기가 오르는 것을 말한다.

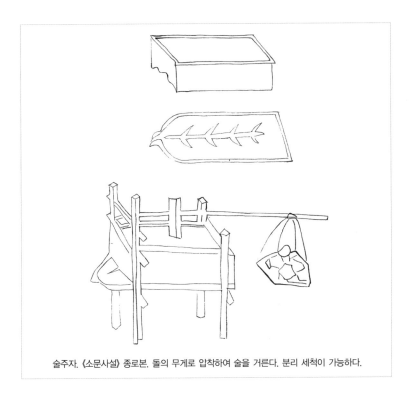

술주자. 《소문사설》 종로본. 돌의 무게로 압착하여 술을 거른다. 분리 세척이 가능하다.

질 염려가 없고 사람이 힘써 고생할 일이 없다. 세척할 때는 분리
하여 열고 씻기 때문에 곰팡이 냄새나 군내, 골마지 달뜨는 냄새[18]
가 나지 않는다.

우리나라에서는 통나무로 구유 모양을 만들거나 궤짝을 만들기
때문에 여름철에 벌레가 생기고 홈에서 썩는 냄새가 난다. 게다
가 큰 돌을 그물에다 매달아놓기 때문에 술자루가 갈라져 찢어진
다. 돌이 무거워 동아줄이 끊어지면 사람 발을 다치게 하는 경우
가 많다.

시루. 《소문사설》 종로본. 증기가 새지 않아 설익거나 타지 않는다.

시루 烏陶甂

― '箅'의 음은 비(卑)이다. 우리말로는 시루밑[19]이라 한다.

황옹(黃甕)[20]을 만드는 방법으로 시루를 만드는데, 죽통(竹筒)[21]
의 양쪽 끝 마디를 제거한 모양으로 한다. 먼저 댓조각으로 발을
만들어 시루밑으로 사용한다. 그것을 솥 주둥이에 놓고, 그 위에는

19_ 시룻바닥에 깔아서 쌀가루 등의 곡물이 시룻구멍을 통하여 밑으로 새지 않도록 하는
 물건이다.
20_ 황토로 만든 질그릇.
21_ 술, 간장, 기름 등을 담는 데 쓰는, 대로 만든 긴 통.

마치 사람이 관을 쓰고 있는 모양으로 시루를 덮는다. 시루 띠〔甑帶〕가 없어도 증기가 빠지지 않아 설거나 (너무) 익을 걱정이 없다. 만약 찔 음식이 많고 오래 쪄야 하면 시루 옆에 장분 주둥이〔長盆嘴〕 같은 구멍이 있으니 대나무 막대에 베 조각을 맨 뒤 집어넣어 물이 있는지 확인하고 (물을) 넣는다.

외바퀴 수레 獨輪車

형태는 우리나라의 초헌(軺軒)[22]과 같으나 앞쪽 손잡이나 학슬(鶴膝)이 없다. 바퀴는 손잡이 위로 튀어나온다. 앞부분의 형세는 조금 뾰족하다. 좌우에 고동목[23]이 있고 뒤쪽의 손잡이는 짧다. 가마꾼들이 하는 것처럼 가죽끈을 매어 어깨에 걸친다. 만약 멈춰 서있게 하고 싶으면 따로 나무 장대 하나를 받친다. 수레 하나로 한 바리의 짐을 운반할 수 있다. 바퀴가 손잡이 위로 나오지 않게 하기도 하는데, 진흙이 튈까 염려되기 때문이다.

내가 중국에 갔다가 외바퀴 수레로 물건을 운반하는 것을 보았는데 매우 편리해 보였다. 그러나 북경에는 도랑이나 구덩이 같은 험한 곳이 없으니 이것을 사용할 수 있지만, 우리나라는 그렇지 않아 열 걸음 안에 도랑이 네댓 군데가 넘으니, 어찌 수레를 사용할

22_ 조선 시대에 종이품 이상의 벼슬아치가 타던 수레. 긴 줏대에 외바퀴가 밑으로 달리고, 앉는 데는 의자 비슷하게 되어 있으며, 두 개의 긴 채가 달려 있다.
23_ 수레바퀴의 회전을 멈추게 하는 나무.

외바퀴 수레.〈남방독추거도(南方獨推車圖)〉,《천공개물》. 중국 남방에서 사용된 것이다.

외바퀴 수레.《소문사설》국도본. 혼자서 편리하게 짐을 나를 수 있다.

수 있겠는가? 또 북경은 길이 넓어서 수레 두 대가 오고 갈 수 있지만 우리나라는 그렇지 않다. 골목이 좁아서 겨우 한 사람이 지나다닐 만한 곳도 있고, 골목이 구불구불하여 말을 타고 지나갈 수 없는 곳도 있다. 수레가 무슨 방법으로 다닐 수 있겠는가?—우(紆) 자 아래에는 기(騎) 자가 있어야 한다.

식칼 食刀

너비는 예닐곱 치 정도 되고 칼등과 칼날의 사이가 가깝다. 자루에 들어가는 끝부분이 중앙에 있지 않고, 칼등에서 이어져 들어간다. 그래서 사용할 때에 손이 도마에 부딪치지 않으니 매우 편리하다.

식칼. 《소문사설》 종로본. 손잡이와 도마에 간격이 있어 부딪치지 않는다.

쇠 등잔걸이 鉎燈檠

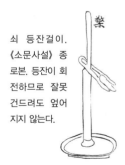

우리나라의 등잔걸이와 비슷하나, 기둥을 세우는 곳에 둥근 구멍이 있어 자루를 꽂을 수 있다. 사람이 앉는 곳에 따라 회전할 수 있으므로 등잔을 엎을 염려가 없다.

쇠 등잔걸이. 《소문사설》 종로본. 등잔이 회전하므로 잘못 건드려도 엎어지지 않는다.

쇠 등잔 鎠燈盞

연꽃받침 모양과 같은데, 주둥이에
가느다란 홈이 있어 등불 심지를 넣
을 수 있다. 또 키〔舵〕와 같은 꼬리가
있어 손가락에 기름을 묻히지 않아도
된다. 좌우의 볼 부분은 주둥이보다
조금 낮으므로 빛이 옆으로도 멀리
비친다.

쇠 등잔. 《소문사설》 종로본.
손잡이가 있어서 손에 기름
이 묻지 않고, 좌우의 볼이
낮아 빛이 멀리 퍼진다.

콩 뜨는 구기[24] 挹豆蠹

—음은 도(途)이니, 구기이다. 우리
나라에서 말콩〔馬豆〕을 삶을 때 사용
하면 매우 편리하다.

쇠로 만든다. 표주박 모양이며 자루
가 있다. 표주박 가운데에는 10여 개
의 구멍을 뚫는데 콩이 새어 나가지
않을 정도로 한다. 몸통은 쇠이고 자
루는 나무이다.

콩 뜨는 구기. 《소문사설》
종로본. 물은 구멍으로 빠
지고 콩만 건져올릴 수
있다.

24_ 술이나 기름, 죽 따위를 풀 때에 쓰는 기구. 자루가 국자보다 짧고, 바닥이 오목하다.

쇠 국자鐵把子

쇠 국자. 《소문 사설》 종로본. 손 모양으로 만들어 음식을 뜨기에 편리하다.

쇠로 만든다. 사람의 손바닥 모양처럼 조금 오목하고 다섯 손가락이 있으니, 모든 물건을 이것으로 뜰 수 있다.

쇠 조리鉎笊籬

음은 조리(照里)이니, 곧 조리이다.

얼멍이[25]鉎竹篩

모두 구리나 철로 만든다. 자손 대대로 전해가며 쓰기도 한다.

비누石鹼

─'盏'의 음은 박(朴)이다. 우리나라에서 연분(鉛粉)[26]을 만들어 선을 긋는 것과 같다.

땅을 파서 구덩이를 만들어 석회를 바르고 말린다. 여회(藜灰)[27]

25_ 구멍이 굵은 채.
26_ 얼굴빛을 곱게 하기 위하여 얼굴에 바르는 화장품의 하나. 주로 밝은 살색이나 흰색의 가루로 되어 있으나 고체나 액체 형태로 된 것도 있다.

비누. 《소문사설》국도본. 석회를 바른 구덩이에 잿물을 넣고 말리면 굳어서 비누가 된다.

즙을 만들어 석회가루를 탄 물과 섞고, 저절로 말라서 덩어리가 되기를 기다렸다가 분합(粉盒)[28]에 보관해둔다. 뜨거운 물에 타서 때 묻은 옷을 빨면 오래된 것이라도 옥처럼 하얗게 된다.

씨 빼는 기계 去核機

우리나라의 씨를 빼는 기구인 씨아[29]와 같다. 횡으로 구르는 둥

27_명아주를 불에 태운 재. 동회(冬灰).
28_분을 담는 작은 상자.
29_목화의 씨를 빼는 기구. 토막 나무에 두 개의 기둥을 박고 그 사이에 둥근 나무 두 개 를 끼워 손잡이를 돌리면 톱니처럼 마주 돌아가면서 목화의 씨가 빠진다.

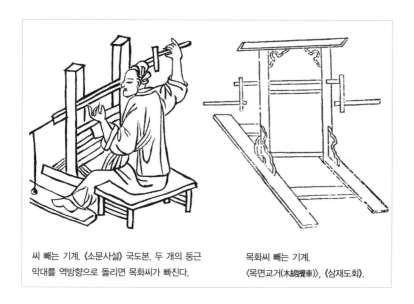

씨 빼는 기계. 《소문사설》 국도본. 두 개의 둥근
막대를 역방향으로 돌리면 목화씨가 빠진다.

목화씨 빼는 기계.
〈목면교거(木綿攪車)〉, 《삼재도회》.

근 막대〔圓杠〕두 개가 있는데, 하나는 나무, 하나는 쇠로 되어 있
다. 나무 끝에는 곡목(曲木)을 끼워 손으로 돌린다. 쇠막대 끝에는
끈을 매고, 끈을 작은 널빤지에 매어 발로 밟아 위아래로 움직이게
한다. 사람이 걸상에 앉아 손과 발을 쓰면 꽃은 기계 앞에 떨어지
고 씨는 기계에 떨어진다. 하루에 뽑는 씨가 수백 근이나 된다.

요강夜虎雌雄
—지금의 요강이다. 혹은 야호(夜壺)라고 부른다.

황옹(黃瓮)을 만드는 흙으로 만드는데, 우리나라의 주합(酒盒)[30]
처럼 생겼다. 바닥에 두면 주둥이가 위를 향하게 되어 자라가 머리

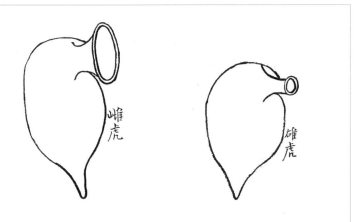

요강. 《소문사설》 종로본. 중국식 요강이며, 남성용과 여성용이 있다. 이의현(李宜顯)의 〈경자연행잡지(庚子燕行雜識)〉에 따르면, 우리나라 사람은 술그릇으로 알고 들이마시는 경우도 있었다고 한다.

를 내놓은 모양과 같다. 이것이 숫야호이니 남자가 사용하는 물건이다.

암야호〔雌夜虎〕는 장분〔長盆〕 주둥이 같은 주둥이가 있어 나팔 구멍처럼 밉게 생긴 것도 있고, 또는 등에 종지[31] 주둥이 같은 둥근 구멍이 있고 뚜껑과 꼭지가 있는 것도 있다. 여자가 사용하는 물건이다.

─내가 지난번 북경에 갔을 때는 요강을 보지 못하였는데, 물어보니 이것이었다. 더러운 그릇이기에 잠잘 때는 꺼냈다가 새벽에

30_ 술과 안주를 담는 휴대용 그릇.
31_ 간장, 고추장 따위를 담아서 상에 놓는, 종발보다 작은 그릇.

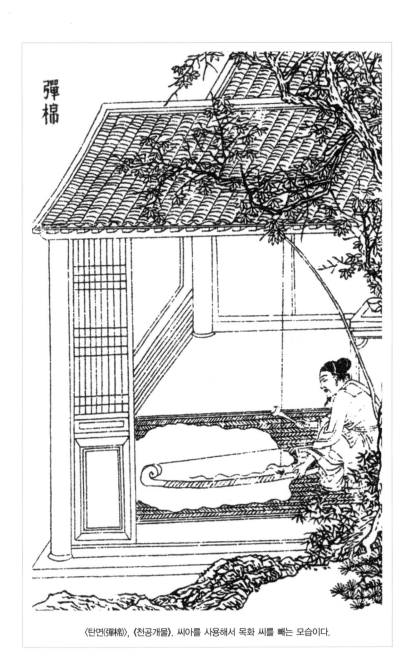

〈탄면(彈棉)〉, 《천공개물》. 씨아를 사용해서 목화 씨를 빼는 모습이다.

일어나면 숨겨둔다고 한다. 모양이 볼품없고 재질이 무거워 가볍고 편리한 우리나라의 요강만 못하다.

씨아彈花弓

— '彈'의 음은 이(耳)이니, 고자[32]이다.

양의 내장으로 현(絃)을 만든다. 활고자 끝에 바퀴가 있는데, 망치로 박는다.

삽鍤子

삽날은 암키와 모양과 비슷하다. 자루를 꽂는 곳에 홈[梁]이 있는데, 조금 긴 인산(人山) 뿌리 모양 같다. 오래 써서 낡더라도 삽목이 부러질 염려가 없다.

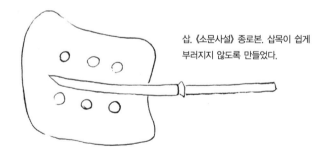

삽. 《소문사설》 종로본. 삽목이 쉽게
부러지지 않도록 만들었다.

32_ 활고자. 활의 양 끝 머리. 어느 한 곳에 시위를 메게 된 부분이다.

쇠흙손鐵圬子

우리나라의 흙손과 같은데, 그 꼬리가 위를 향하다가 또 굽었다가 머리 쪽에서 또 굽어서 흡사 입 구(口) 자 모양과 같다. 중간에 네 손가락이 들어가서 사용하기에 아주 편하고 또 목이 부러지지도 않는다.

쇠흙손. 《소문사설》 국도본. 손잡이가 있어 사용하기 편리하다.

노구솥煮鐺子

무쇠와 생동(生銅)을 섞어서 주조하는데, 삿갓 모양이다. 끓이거나 볶는 데 매우 편리하고 화력이 빨리 전달된다. 이것을 흙 화로(土烽爐)에 놓는다.

노구솥. 《소문사설》 국도본. 열전도 효과가 높아 음식을 빨리 끓이거나 볶을 수 있다. 프라이팬과 비슷하다.

흙 화로土烽爐
—석매(石煤)는 석회이다.

벽돌 사이에 석회를 바르거나 찰흙을 쌓아서 만드는데, 가슴 높

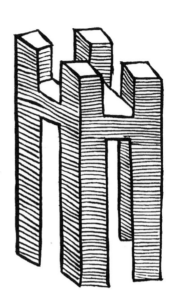

흙 화로. 《소문사설》 국도본.
위에 노구솥을 올려놓고 아래에서 불을
땐다. 화력이 강하고 재가 날리지 않는다.

이로 한다. 아래에는 사방으로 구멍을 내고 맨 위에는 조금 안쪽을
향하도록 벽돌을 쌓는다. 쇠로 다리를 만들고 네 모퉁이에는 벽돌
을 반 자쯤 쌓은 뒤 자당(煮鐺)을 놓는다. 불을 때면 바람이 아래
에서 올라와 화력이 매우 강하고 재는 아래로 떨어진다. 젖은 땔나
무나 석회도 빨리 불이 붙는다.

3장
음식으로 자신의 몸을 다스리는 법

식치방 食治方

동아찜 冬瓜蒸 [1]

—상품(上品)으로 맛이 좋다. 낙점을 받아 임금께 올렸다.

크기가 작은 동아[冬瓜] [2] 에 구멍을 뚫고 속을 파낸다. 꿩, 닭, 돼지고기 등의 재료와 기름장을 버무려 붕어찜 만드는 방법과 같이 동아 속에 채워 넣는다. 겉을 흙으로 바르고 약한 불에 넣어 구워내면 동아가 진흙처럼 부드러워진다.—동아는 껍질을 벗기지 말고 빔지 [3] 나 새끼로 묶어 싼 뒤에 흙을 바른다.

송이찜 松耳蒸

연한 송이를 꿩, 닭, 기름장, 여러 가지 버섯 등의 재료와 함께 간격을 두고 항아리에 가득 채워 넣는다. 겉을 흙으로 발라서 약한 불에 넣어 구워낸다. 송이가 토란처럼 연해진다.

메밀떡 木米煨餠

—민간에서 만든 것만 못하다.

1_이하 음식 용어는 윤서석, 《한국의 음식용어》(민음사, 1991)에 따랐다.
2_박과의 한해살이 덩굴성 식물. 줄기는 굵고 단면이 사각(四角)이며 갈색 털이 있다. 잎은 어긋나고 5~7개로 얕게 갈라지며 심장 모양이다. 여름에 노란 종 모양의 꽃이 피고, 열매는 호박 비슷한 긴 타원형이고 익으면 흰 가루가 앉는다. 과육, 종자는 약용한다.
3_종이를 비벼 꼬아서 만든 끈.

곱게 찧은 메밀가루를 물에 반죽하여 수박 모양의 경단을 만든다. 젖은 종이에 싸서 약한 불에 굽는다. 잘 익으면 잘라서 절편으로 만들고 따뜻할 때 생청(生淸)[4]을 섞어 먹는다.

토란떡 芋餠

—낙점을 받아 임금께 올렸다. 이상은 숙수(熟手)[5] 박이돌(朴二乭)이 만든 것이다.

갓 캐내어 부드러운 토란—시장에서 껍질을 벗긴 것은 익지 않으니 밭에서 캐내어 흙이 묻은 것이 좋다.—을 재빨리 씻어내어 푹 익을 때까지 삶는데, 뚜껑을 열어서는 안 된다. 익은 뒤에 여러 번 손질하여 껍질을 벗기고 바로 꿀에 넣어 대꼬챙이로 이리저리 찔러 꿀이 스며들게 한다. 그다음 익힌 밤가루와 잣가루를 입혀 따뜻할 때 먹는다.

더덕떡 沙蔘餠

—영평(永平)의 관노(官奴) 강천익(姜天益)이 만들었다.

더덕을 물로 깨끗이 씻어 껍질을 벗겨 삶아낸다. 식탁에 놓고 으

4_ 벌의 꿀물에서 떠낸 가공하지 않은 그대로의 꿀.
5_ 잔치와 같은 큰일이 있을 때에 음식을 만드는 사람. 또는 음식을 만드는 일을 직업으로 하는 사람.

깨어 면(綿)을 세탁하는 것처럼 손으로 문질러 크게 만든다. 찹쌀가루를 살짝 뿌리고 참기름에 튀겨내어 버들고리 위에 놓고 잠깐 햇볕 드는 곳에 둔다. 꿀에 담그면 담백하고 부드럽다.

붕어구이 煨鮒魚

— 강화경력(江華經歷) 원명구(元命龜)가 사복시 거덜(司僕寺巨達)[6] 지엇남(池旕男)이 만들었다고 말해주었다.

큰 붕어 한 마리의 배를 갈라 내장은 버리고 비늘은 벗기지 않는다. 깨끗이 씻어서 황토를 골고루 발라 종이로 싸고 다시 새끼로 묶어 싼다. 약한 불에 넣어 구워내면 비늘이 저절로 벗겨진다. 젓가락으로 살점을 떼어 소금을 찍어 먹는다. 따뜻할 때 먹으면 매우 맛있다.

붕어찜 鮒魚蒸

— 장악원 주부(掌樂院主簿) 민계수(閔啓洙)의 노(奴) 차순(次順)이 만들었다.

큰 붕어 한 마리의 등을 가른다. 배가 다치지 않도록 뼈를 발라낸다. 꿩, 닭, 돼지고기 등의 재료와 생강, 후추, 파, 마늘 등의 양

| 6_ 말을 돌보고 관리하는 일을 맡아 하던 종.

넘을 가득 채우고 볏짚 몇 가닥으로 묶어 안에 넣은 재료가 터져 나오지 않게 한다. 참기름으로 뒤집어가며 솥뚜껑 위에서 익혀낸다. 그다음 그릇에 담아 닭육수를 스며들게 하여 다시 삶는다. 속에 넣고 남은 재료로 즙을 내고 거기에 담가서 먹는다.

황자계 만두黃雌鷄餛飩[7]

— 사옹원 고성상(司饔院庫城上)[8] 권타석(權朶石)이 와서 만들었다. 숙수 넉쇠[四金]와 이돌이(二乭伊)도 함께 배웠다. 여러 날 임금께 올렸다.

황자계 두 마리와 꿩 한 마리를 먼저 삶아 고기를 발라내고, 송이, 파, 마늘을 넣고 채를 썰어 반죽을 만든다. 기름장을 넣어서 볶아내고 구기[勻]로 으깨어 비계가 뭉쳐 나오도록 한다. 그다음 파, 생강, 마늘 등의 양념을 넣고 간을 맞춘다. 그다음 메밀가루를 10여 차례 체로 쳐서 매우 가늘게 만들고, 물로 반죽하여 떡을 만든다. 그것을 둥근 방망이로 밀어서 종잇장처럼 매우 얇게 만든다. 크기가 똑같이 나오도록 대나무통으로 찍어내어 속을 넣고, 물로 입 부분을 발라 붙인다. 그다음 꿩이나 닭을 끓인 국물이 부글부글 끓을 때 잠깐 데쳐낸다. 이 국물 반을 그릇에 담아 적셔 먹는다. 먹

7_황자계(黃雌鷄)는 털이 누런 암탉이며, 혼돈(餛飩)은 밀가루나 쌀가루 반죽을 둥글게 빚고 그 속에 소를 넣어 찐 떡이다.
8_임금의 음식을 마련하는 수라간에 속한 하인.

을 때에는 식초, 장, 파, 마늘을 함께 넣어 먹는다.《의학입문(醫學入門)》에도 방법이 소개되어 있으나 전혀 다르다. 이 음식은 매우 부드러워서 만든 다음에 한동안 놓아두면 모두 문드러지니 만들어서 바로 먹어야 제대로 맛을 느낄 수 있다.―수라간에서는 간혹 돼지고기로 만드는데, 병식(餠食)이라 한다.

굴만두 石花饅頭
―어떤 이가 전해주었는데 별로 맛이 없다. 비린내가 많이 나고 부드럽지 않다.

굴의 소금물을 씻어내고 껍질을 부수어 끓는 물에 살짝 데친다. 다시 참기름[淸油]으로 볶아서 익힌다. 체에 담아서 기울여 즙을 버리고, 굴 하나마다 떡소를 넣어 혼돈(餛飩) 모양으로 만든다. 펄펄 끓는 물에 빨리 삶은 다음 꺼내어 초장, 파, 마늘을 섞어 먹는다.

만두 전골 母露鷄雜湯
―차순(次順)이 전해주고 만들어주었다.

먼저 꿩, 닭, 돼지고기를 삶는다. 표고버섯, 참버섯, 잣, 생강, 파

9_ 명(明)나라 이천(李梴)이 편찬한 의학서.

로 반죽을 만들고 계란과 기름장을 부쳐서 소[10]를 만든다. 쇠골로 반죽을 만들어 소를 채우고 녹말로 옷을 입혀 부친다. 또 숭어를 얇게 떠서 조각을 내어 쇠골전처럼 만두를 만든다. 그다음 꿩이나 닭을 삶은 국물에 넣는다. 소 염통과 참버섯, 표고버섯, 해삼, 순무 뿌리, 계란 절편, 해황(蟹黃),[11] 사각육(四脚肉: 미상)을 짓이겨 반죽을 만든다. 체로 쳐서 원래 만들었던 소와 양념을 고루 섞어 숟가락으로 대추알만 하게 떠서 함께 익힌다. 펄펄 끓기를 기다려 계란즙을 넣고 함께 익혀 맛을 낸다. 꺼내어 양념에 섞어 먹는다.

날꿩 장生雉醬
― 낙동(駱洞)의 조상국(趙相國)이 전해주었다.

암꿩 서너 마리를 깨끗이 씻어서 삶는다. 가죽과 뼈는 발라내고 고기만 골라낸다. 찧어서 반죽을 만든 다음 체로 쳐서 가루를 내어 매우 곱고 연하게 만든다. 그다음 천초 가루와 생강즙, 장즙을 넣어 간을 맞춘 뒤 볶아서 반죽으로 만들면 건조하지도 않고 축축하지도 않다.

10_ 송편이나 만두 따위를 만들 때, 맛을 내기 위하여 익히기 전에 속에 넣는 여러 가지 재료.
11_ 암게의 딱지 속에 붙은 노란 장.

전복 소 餡全鰒

─위와 같다.

반 건조된 울복(蔚鰒)을 가져다가 배를 가르고 잣 반죽을 넣은 다음에 베로 싸고 판자로 눌러 잣의 향기가 스며들게 한다. 반쯤 건조되면 실을 없애고 조각내어 먹는다.

마늘장아찌 醋蒜

─중국인이 전해주었다.

법초(法醋) 한 말을 항아리에 넣는다. 큰 마늘의 껍질을 벗겨 그 안에 담근다. 몇 달 또는 1년이 지나도록 오랫동안 땅속에 묻어놓고 마늘 냄새가 없어졌을 때 먹으면 매우 좋다. ─초맛도 좋다. ─ 예전에 영원위(寧遠衛)[12] 사장(謝長)의 집에서 그의 아내가 사씨의 병을 고쳐준 일에 사례하며 대접해주었는데, 과연 맛이 좋았다.

솜사탕 軟白糖

백설탕을 만든다. 여러 차례 정제해서 색깔은 희고 결은 보송보송하게 만든 다음 항아리에 넣는다. 단단히 봉해서 땅속에 묻어두었다가 3, 4년 뒤에 꺼내면 가볍고 푸석푸석해서 쉽게 바스라지고

12_ 중국 연행로의 연산역(連山驛) 근처에 있던 곳이다.

신맛도 전혀 없다. 예전에 심양장군(瀋陽將軍) 송주(宋柱)[13]의 집에서 병을 고쳐준 일에 사례하며 작별하는 자리에서 대접해주었다. 우리나라 사람들은 보통 음식이라고 여겼으나, 정사(正使)인 동평도위(東平都尉)[14]가 알아보았다. 먹어보니 과연 훌륭한 음식이었다. 입에 넣으면 조각조각 부서져 전혀 씹을 필요도 없고 이에 붙지도 않았다.

유즙가루 酪屑

유락(乳酪)을 많이 모아 사기로 만든 주발에 담는다. 가득 담아서 볕에 말린 후 깃털로 쓸어서 사기 접시에 담으면 눈가루처럼 희다. 설탕가루와 섞어 먹는데, 입에 넣으면 씹기도 전에 이미 사라지고 없다. 시원하고 달기가 비할 데 없다. 예전에 제왕가(諸王家)의 집안에서 먹어보았다.

새끼돼지찜 蒸豚

생후 2년 미만인 새끼 돼지의 창자를 꺼내고 몸통을 갈라 펴서

13_ 1710년경에 심양장군으로 재직한 인물이다.
14_ 정재륜(鄭載崙, 1648~1723)을 이른다. 효종의 부마이다. 본관은 동래(東萊)이며, 자는 수원(秀遠), 호는 죽헌(竹軒)이다. 영의정 정태화(鄭太和)의 아들이며, 좌의정 정치화(鄭致和)에게 입양되었다. 1656년(효종 7) 효종의 다섯째 딸 숙정공주(淑靜公主)와 혼인하여 동평위(東平尉)가 되었다. 1670년(현종 11) 사은정사로, 1705년에는 동지정사로, 1711년에는 동지 겸 사은정사로 청나라에 세 차례나 다녀왔다.

서너 마리를 쌓아 약한 불에 찌면 두부처럼 연하고 맛도 매우 좋다. 예전에 심양(瀋陽)의 부도총(副都統) 탁육(托六)[15]이라는 사람이 대접해주었는데, 요새 들으니 그 사람은 우랄장군(亐喇將軍)이 되어 떠났다고 한다. 양화(陽貨)가 공자(孔子)에게 보낸 삶은 돼지[16]나 진무제(晉武帝) 시절에 왕제(王濟)가 사람의 젖을 먹인 돼지를 쪄서 만든 요리[17]와 비교하면 어떨지 모르겠다.

호떡 造鎚煎

멥쌀가루로 만든다. 흰 떡을 만들어 설탕물을 섞고, 설탕가루를 소로 넣어 배가 약간 볼록하게 한다. 향유(香油)에 부쳐 뜨거울 때 먹으면 달콤하고 부드러우며 빛깔도 특이하다. 일찍이 병부낭중(兵部郎中) 상수(常壽)의 집에서 그의 아내가 앉을 새도 없이 음식을 내놓았다.

계란탕 鷄蛋湯
—내가 북경에 갔다가 이 음식을 맛보았는데, 부드럽고 담박하

15_ 1711년경 심양의 부도총이 되었다.
16_ 양화는 노(魯)나라의 대부(大夫) 계씨(季氏)의 가신(家臣)이다. 그는 공자를 만나고자 공자가 집에 없는 틈을 타서 삶은 돼지를 보낸 일이 있다.〔《논어(論語)》〈양화(陽貨)〉〕
17_ 진무제가 왕제의 집에 행차하자, 왕제는 진수성찬을 마련하여 모두 유리그릇에 담아 내었다. 특히 삶은 돼지가 맛이 좋았기에 진무제가 그 이유를 물으니, 사람의 젖으로 키웠기 때문이라고 답하였다. 이 글에서 사람의 젖을 먹인 돼지를 쪄서 만든 요리라고 한 것은 이시필의 착오인 듯하다.〔《진서(晉書)》 권42〕

여 우리나라에서 만든 것에 비할 수 없을 듯하다. 북경의 음식은 모두 돼지기름으로 볶는데, 향유는 담박한 돼지기름만 못한 듯하다.

계란은 많든 적든 상관없다. 먼저 흙 화로[土烽爐]에 자당(煮鐺)을 올리고, 향유가 끓어오를 때 계란을 풀어 넣으면 그 모양은 두부가 막 군을 때와 같다. 부드럽고 맛이 달다. 듣자니 복창군(福昌君) 이정(李楨)[18]이 중국에서 돌아와 만들어보았는데 거기에 미치지 못했다고 한다. 시장에 많이 있다.

돼지 대창 볶음 猪肚子

돼지의 대장(大腸)을 조각내어 볶아 익힌다. 그 맛은 볶은 양(䑋)[19]보다 낫다. 대장은 살이 많고 부드러워서 그릇에 볶기도 좋고 요리하기도 쉽다.

녹말 국수 粉湯

녹말로 면을 만든 다음 가늘게 썰거나 실국수를 만들어 장탕(醬湯)에 넣고 양념을 섞는다. 계란 한 개를 삶아 노른자를 반쯤 익혀 분탕(粉湯)에 넣으면 '단계란탕[單鷄蛋湯]'이라 하고, 두 개를 넣

18_ 인평대군(麟坪大君)의 아들로, 진하 겸 사은정사로 청나라에 다녀왔다. 1680년 경신 대출척 때 복선군(福善君)·복평군(福平君) 등 두 아우와 함께 역모죄로 사사되었다.
19_ 소의 밥통을 고기로 이르는 말.

으면 '쌍계란탕〔雙鷄蛋湯〕'이라 한다. 맛이 꽤 좋다.

신선로 熱口子湯

　대합(大盒: 놋대합)과 같은 삶는 그릇을 따로 마련하고 다리 옆에 아궁이를 하나 뚫는다. 대합의 중심에는 통 하나를 세우는데, 덮개 밖으로 높이 솟아나오게 한다. 덮개 가운데에 구멍을 뚫어 통이 밖으로 나오게 한다. 통 안에서 숯을 피우면 바람이 다리 옆의 구멍으로 들어가 불기운이 덮개 바깥 구멍으로 나온다. 대합의 중심 주위에 돼지고기, 생선, 꿩고기, 홍합, 해삼, 소의 밥통, 염통, 간, 대구, 국수, 저민 고기, 새알심, 당근, 무, 배추, 파, 마늘, 토란 등 여러 가지 먹을 것을 넣어 종류별로 배열하고 청장탕(淸醬湯)을 넣으면 저절로 불이 뜨거워지면서 익는다. 여러 가지 액이 섞여서 맛이 꽤 진하다. 여러 사람이 둘러앉아 젓가락으로 먹고, 숟가락으로 탕을 떠서 뜨거울 때 먹는다. 이것이 바로 잡탕이니, 중국 사람들의 매우 좋은 음식이다. 눈 내리는 밤 손님이 모였을 때 (먹으면) 매우 적당하다. 만약 각상을 놓으면 운치가 없다. 중국 사람들의 풍속에는 본디 밥상을 따로 하는 예가 없기 때문이다. 우리나라 사람이 그 그릇을 사오기도 하는데, 야외에서 전별하거나 겨울밤에 모여서 술 마실 때 먹으면 매우 좋다.

연근녹말가루죽 藕粉粥

연뿌리의 가느다란 줄기를 뽑되, 속이 빈 것은 버리고 양쪽 끄트
머리만 고른다. 깨끗이 씻어 껍질을 제거하고 잘라서 작은 조각으
로 만든다. 햇볕에 말린 뒤 맷돌로 갈고 체로 쳐서 가루 한 냥 정도
를 얻는다. 설탕가루 두 돈을 섞어 주발에 담고, 차가운 물을 약간
섞는다. 그리고 매우 뜨거운 물을 부으면 마치 우리나라의 율무죽
이나 토란이 반쯤 응고된 모양과 같아진다. 이것을 두고 김수장(金
壽長)의 수본(手本)[20]에서는 진정부(眞定府), 양주부(楊州府), 고우
현(高郵縣)의 것이 상품(上品)인데, 만드는 법과 죽을 만드는 법이
이러이러하다고 하였다.《본초강목(本草綱目)》에는 이 연근녹말가
루에 대한 말이 없어서 전혀 몰랐다.

을미년(1715), 내가 북경에 갔을 때 제왕(諸王)의 근수(跟隨: 시
종) 하적간(夏迪簡)이라는 사람이 병으로 침을 맞게 되어 여러 차
례 왕래하였는데, 침을 맞은 뒤에는 항상 이 죽을 먹었다. 나에게
도 권하기에 먹어보니 맛이 매우 좋았다. 집으로 돌아온 뒤 우연히
장로(張璐)의《의통(醫通)》[21]을 보았다. 장로는 만력(萬曆) 연간 사
람인데, 이 책에 처음으로 연근녹말가루를 만드는 법이 나와 있었

20_ 공사(公事)에 대한 사실을 상관에게 보고하던 서류.
21_ 청(淸)나라 장로(張璐, 1617~1701?)의《장씨의통(張氏醫通)》을 말한다. 장로는 자(字)가
   노옥(路玉), 호가 석완노인(石頑老人)이며, 장주(長洲) 사람이다. 저서로《상한찬론(傷
   寒纘論)》,《상한서론(傷寒緒論)》,《본경봉원(本經逢原)》,《진종삼매(診宗三昧)》 등이 있
   다.

다. 수비(水飛)[22]하여 가루를 만드는데, 마치 천화분(天花粉)[23]이나 갈분(葛粉)[24]을 만드는 것처럼 한다. 이때 선왕(先王: 숙종)께서 편찮으셔서 여러 해 입맛이 없어 음식을 드시지 못한 데다 오줌에 피가 섞여 나오는 증상이 있었다. 내가 도제조(都提調) 이상국(李相國: 이이명)께 아뢰었더니, 정승께서 역재관(曆賫官) 김수장에게 분부를 내렸다. 과연 요동(遼東)에 도착하여 (이 음식을) 찾아서 먼저 보내왔는데, 선왕께서 단 음식을 싫어하셔서 몇 번 올리지 못하고 그만두었다.

서국미 西國米

일본에는 서국미가 있다. 아마도 일본 근서(近西) 지방에서 나는 듯하다. 그 모양은 수수와 같고 빛깔은 희다. 낟알이 자못 거칠다. 병이 들어 밥을 먹기 싫어하는 사람이 먹는다고 한다.

내가 예전에 누이의 병 때문에 동래(東萊)에 가서 그것을 구해다가 죽을 쑤었다. 그 조리법은 다음과 같다. 설탕물에 쌀을 섞어 끓을 때까지 기다렸다가 숟가락으로 수백 번 저어주면 낟알이 모

22_ 분말(粉末)을 만드는 방법의 하나. 보통으로 빻은 가루를 물에다 풀면 곱게 빻아진 것은 물에 용해되고 덜 빻아진 것은 가라앉는데, 용해된 것만을 따로 모아 침전(沈澱)시키는 것을 말한다.

23_ 하눌타리 뿌리를 말려서 만든 가루. 열을 내리고 진액이 생기게 하는 작용이 있어 열병이나 소갈(消渴), 황달(黃疸), 옹종(癰腫) 따위에 쓴다.

24_ 칡뿌리를 짓찧어 물에 담근 뒤 가라앉은 앙금을 말린 가루.

두 풀어지는데, 율무죽 쑤는 것과 똑같다. 성질이 미끌미끌하여 입에 넣으면 혀를 움직이기도 전에 이미 목구멍으로 넘어간다. 내가 도제조께 아뢰었더니 전계(轉啓)하여 들였다.

붕어죽鮒魚粥

붕어를 깨끗이 씻고 수건으로 물기가 없게 닦는다. 살만 발라 짓이겨 반죽을 만들고 체로 쳐서 가루로 만든다. 우선 담장탕(淡醬湯)에 고운 원미죽(元味粥)²⁵을 끓인다. 끓으려 할 때 원미죽 약간에 붕어 반죽을 섞어 알갱이가 생기지 않게 골고루 젓는다. 그 다음 탕에 넣고 골고루 저어 죽을 쑨다. 맛이 매우 좋고 비린내가 없다. 경자년(1720)에 대궐에서 죽을 쑤어 따뜻할 때 임금께 올렸더니 맛이 자못 좋다는 하교가 있었다. 조기죽은 참조기를 가지고 위와 같은 방법으로 만든다. 내가 예전에 아픈 사람의 집에서 들었다.

두부피豆腐皮

두부를 만들어 탕이 팔팔 끓을 때 솥에 넣고, 조금 식기를 기다려서 표면에 주름이 생길 때 대꼬챙이로 떠내어 얇은 피를 만든다.

25_ 멥쌀을 굵게 갈아 가루는 걸러내고 싸라기로만 쑨 죽.
26_ 고기나 생선이 들어 있지 않은 반찬.

응달에 말려 보관하고 탕을 만들 때마다 얇게 잘라 조각으로 만들면 계란부침 같은 음식과 비슷하게 된다. 맛이 담박하여 소찬(素饌)[26]이 될 만하다.

물고기내장찜 魚腸蒸

대구 내장에 대구 흰 살로 소를 만들어 끈으로 그 양쪽 끝을 묶고 쪄낸다. 잘라서 조각을 내어 초장(醋醬) 같은 양념에 섞어 먹는다. 꿩, 돼지, 닭 등의 재료로 소를 만들어 먹어도 좋다.

새알심 麵筋

밀기울이 섞인 밀가루를 물로 반죽하여 떡으로 만든다. 힘껏 밀면 정제된 것만 모여서 조각을 이루고, 밀기울은 흩어지는데, 옥(玉) 모양으로 잘라서 탕에 넣는다. 우리나라에서는 '점(粘)'이라 하는데 탕맛을 매우 좋게 만든다.

귀리송편 耳麥松餠

귀리가루로 송편을 만든다. 부드러우면서도 탄력이 있으며 희고 깨끗하다. 맛은 약간 달아서 먹기 좋다. 면을 만들어도 좋다.

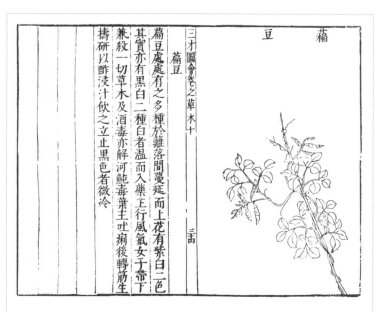

蓇豆處處有之多種於籬落間蔓延而上花有紫白二色 其實亦有黑白二種白者温而入藥主行風氣女子帶下 兼殺一切草木及酒毒亦解河魨毒葉主吐痢後轉筋生 搗研以酢浸汁飲之立止黑色者微冷

三才圖會卷之草木十
蓇豆

豆 蓇

〈편두(蓇豆)〉, 《삼재도회》. 까치콩. 해독 효과가 뛰어나며 설사와 구토를 멈추게 한다.

까치콩으로 채²⁷ 만드는 법扁豆莢作葅法

새로 돋아난 어린 까치콩을 푹 삶아 장과 섞어 채를 만든다. 예전에 먹었는데 맛이 꽤 좋았다.

오이장아찌醬瓜法

동아, 오이, 살구씨, 수박씨는 모두 장에 담가 음식으로 만들 수

27_채소나 과류(瓜類) 따위를 재료로 간과 양념을 쳐서 만든 반찬.

있다. 예전에 북경의 인가에서 먹어본 적이 있는데 맛이 꽤 좋았다. 먼 곳에 보낼 수도 있다.

즙장 만드는 법 汁醬法

7월 보름 이후나 8월 초에 밀기울 스물닷 되와 황두(黃豆) 한 말 닷 되 다섯 홉을 준비한다. 먼저 황두를 메주처럼 푹 삶는다. 밀기울과 물을 섞고 손으로 비벼서 덩어리를 만들어 쪄내거나 황두 위에 펼쳐놓고 삶아 푹 익힌다. 밀기울과 콩을 함께 짓이겨서 으름 크기만 한 덩어리로 만든다. 그것을 메주 띄우는 것처럼 빈 가마니에 넣고 새끼로 사이를 떼어놓는다. 3일 뒤에 다시 띄우고, 7일 뒤에 볕에 말렸다가 다시 띄운다. 7일이 지난 뒤 꺼내어 볕에 말린 후 고운 가루로 만들어 소금 일곱 홉과 물을 섞어 젓는데, 율무죽처럼 될 때까지 젓는다. 또 동아와 가지를 잘게 썰어서 황두와 밀기울 사이에 넣고 항아리 속에 차곡차곡 집어넣는다. 기름종이로 항아리 주둥이를 단단히 봉하고 솥뚜껑으로 덮은 다음 진흙을 발라 굳힌 뒤에 두엄이나 말똥 안에 넣어 띄운다. 10일 또는 10여 일 뒤에 꺼낸다. 두엄은 많을수록 좋고, 소와 말이 잘 밟아서 높이 쌓여 썩는 냄새가 극렬할수록 더욱 좋다.

식혜 만드는 법 食醯法

송도(松都: 개성)의 식혜는 맛이 매우 좋아 서울에서 만드는 것
보다 낫다. 유수(留守)의 관사에 있던 사람이 만드는 법을 배워서
알려주었다. 먼저 정백대미(精白大米)를 여러 번 일고 찧어서 찐
다음, 물을 아주 조금만 섞어서 익힌 밥이 알알이 모두 흩어지게
한다. 아래쪽의 쌀만 익고 위쪽의 쌀은 익지 않았으면 시루 위에
솥뚜껑을 거꾸로 덮고, 나무를 많이 올려놓아서 위쪽의 쌀까지 골
고루 익게 한다. 그런 다음 꺼내어 항아리 속에 넣고, 따로 엿기름
을 끓는 물에 오랫동안 담갔다가 체로 찌꺼기를 걷어내고 그 물을
항아리 속에 붓는데, 밥이 간신히 잠길 정도로만 붓는다. 종이로
항아리 입구를 봉하고 온돌에 놓아두는데, 가령 초저녁에 온돌에
두었다면 닭이 울 때쯤 꺼내어 차가운 곳에 두어야 한다. 만약 오
랫동안 온돌에 두면 맛이 시어지기 때문이다. 따로 차가운 물에 꿀
을 타서 항아리 속에 붓고, 또 대추, 밤, 잣, 배 등을 섞으면 그 맛
이 매우 시원하고 달다. 만약 식혜를 멀리 다른 곳으로 보내고자
한다면 대추, 밤 따위를 섞을 필요는 없다. 맛이 변할지도 모르기
때문이다.

순창고추장 만드는 법 淳昌苦草醬造法

쑤어놓은 콩 두 말과 흰 쌀가루 다섯 되를 섞고, 고운 가루가 되

도록 마구 찧어서 빈 가마니 속에 넣는다. 1, 2월에 이레 동안 햇볕에 말린 뒤 좋은 고춧가루 여섯 되를 섞고, 또 엿기름 한 되, 찹쌀 한 되를 모두 가루로 만들고 진하게 쑤어 빨리 식힌 뒤, 단간장을 적당히 넣는다. 또 좋은 전복 다섯 개를 비스듬히 저미고, 대하(大蝦)와 홍합(紅蛤)을 적당히 넣고 생강을 조각내어 보름 동안 항아리에 넣어 삭힌 뒤, 시원한 곳에 두고 꺼내 먹는다. 내 생각에 꿀을 섞지 않으면 맛이 달지 않을 텐데 이 방법은 실리지 않았으니, 빠진 듯하다.

식혜食醢

어떤 벼슬아치 집에서 식혜를 잘 만들었는데, 그 집 하인에게서 그 방법을 대략 들었다. 정백미(精白米)[28]를 쪄서 펼쳐놓고 식힌 뒤에 차가운 물로 씻어내어 알알이 모두 흩어지게 한다. 그리고 엿기름을 하루 종일 물에 담가두었다가 살짝 기울여서 위쪽에 있는 물을 받아 그 밥을 담가놓으면 된다고 한다. 또 말하기를, 눈처럼 흰 꿀을 많이 섞어 만든다고 하였다. 또 말하기를, 만약 과일을 넣으면 맛이 좋지 않으니, 반드시 크고 좋은 유자를 골라 껍질을 벗기지 않고 통째로 밥 속에 넣어야 향기로우면서도 알알이 모두 온전하며 색깔도 희고 깨끗하면서 달다고 한다.

| 28_ 더 손댈 필요가 없을 만큼 깨끗하게 쓿은 쌀.

깍두기 菁醢

깍두기는 집집마다 있지만 맛이 짠 것이 많고 색깔이 깨끗하지 않은 것도 있다. 어떤 집에서는 오랫동안 묵혀 색깔이 누렇게 된 새우젓을 물에 넣어 삶은 뒤 고운 체로 찌꺼기를 걸러내고, 따로 생무를 큼직하게 썰어 새우젓을 삶은 물에 담가놓는다. 또 고춧가루를 많이 섞어놓으면 오래되어도 맛이 있고 그다지 짜지도 않다.

백어탕 白魚湯

녹말가루를 반죽하여 흰 고기 모양으로 만든다. 또 후추를 빻아 두 눈의 모습과 같이 만든다. 끓는 물에 데쳐내어 꿀물에 찍어 먹으면 맛이 매우 좋다.

가마보코 可麻甫串

숭어 또는 농어나 도미를 저며서 조각내고, 따로 소고기, 돼지고기, 목이버섯, 석이버섯, 표고버섯, 해삼 등의 여러 가지 재료와 파, 고추, 미나리 등 여러 가지 양념을 가루로 만든다. 고기조각 한 층에 소 한 층을 올리고, 다시 고기조각 한 층에 소 한 층을 올린다. 이런 식으로 3, 4층을 쌓은 뒤 두루마리처럼 말아서 녹말가루로 옷을 입히고 끓는 물에 익힌 다음 칼로 썰어 조각내면 고기조각과 소가 마치 태극 모양처럼 서로 둘둘 말려 있게 된다. 여기에 고추장을 찍어 먹는다. 소에 들어가는 여러 가지 재료를 오색으로 만들어 칼로 썰면 무늬가 더욱 아름답다.

배추겨자채 白菘茹

싱싱하고 두터운 흰 배추의 흰 줄기를 골라내어 쪄서 익힌 뒤에 겨자즙과 파, 마늘 따위를 차곡차곡 담가두었다가, 겨자즙이 그 줄기와 잎 속에 스며든 다음에 먹는다.

4장
다양한 과학적 지식의 활용법

제법
諸法

유리, 마노, 옥석을 조각하는 방법 刻琉璃瑪瑙玉石

자연회(自然灰)에 묻어두면 진흙처럼 부드러워져서 매우 쉽게 새길 수 있다. 자연회는 남해 인근에서 나는데 모양은 황토(黃土)와 같다. 두꺼비 기름〔蟾膏〕도 옥을 진흙처럼 부드럽게 만들 수 있다.

금은을 녹이는 노구솥 銷金銀鍋

사기그릇 조각을 모아 방아로 찧어 가루로 만든다. 체로 곱게 쳐서 교수(膠水) [1] 와 섞어 노구솥을 만들면 금과 은을 녹일 수 있다.

자기 瓷器

백토(白土)로 질그릇을 만들어 햇볕에 말린 다음 석회수를 붓고 구워서 만든다. 맑은 물로 수비(水飛)하여 질그릇을 만들면 옥과 같이 희고 깨끗해진다.

비누 石鹼

상추 따위를 따서 웅덩이를 파고 물에 담갔다가 걸러내어 씻어

1_아교(阿膠)를 달인 물.

말리고 태워서 재로 만든다. 원래 담갔던 물로 즙을 짜낸다. 백 근(斤)마다 분면(粉麵) 두세 근을 넣고 오래 두면 돌처럼 굳어진다. 그것으로 즙을 우려내어 사방에 팔아서 옷을 빨거나 씻을 때 쓰도록 하면 매우 많은 이익을 얻을 수 있다. 다른 지방에서는 아궁이의 재로 짙은 즙을 우려내는데, 역시 때를 제거하고 씻는 데 쓸 수 있다.

금박 金箔

반드시 제련하고 불려서 금박을 만든다. 성질이 수은에 약하므로 여감자(餘甘子)² 를 만나면 부드럽게 된다. 또 금을 씻을 때 염낙타(塩駱駝), 말기름을 이용하면 모두 금을 부드럽게 할 수 있다. 납을 만나면 금이 부서지는데, 성질이 서로 제압하기 때문이다. 《선경(仙經)》에서는 식초, 꿀, 돼지기름, 모형주(牡荊酒)³ 를 써서 불리면 매우 부드러워진다고 하였다. 지금의 장인들은 흑박지(黑箔紙)⁴ 를 도침⁵ 하여 금박을 만들고는 중국에서 수입한 것이라 말한다.

2_ 감람나무의 열매. 3~4센티미터의 길쭉하고 둥근 모양이며, 푸른색이다. 맛은 처음에는 쓰고 떫으나 먹을수록 단맛이 난다. 한방에서 약재로 쓰고 씨로는 '감람유'라는 기름을 짠다. 서양에서는 중국올리브라고 부른다.
3_ 모형으로 담근 술. 모형은 마편초과의 낙엽 관목으로, 높이는 2~3미터이며, 잎은 마주나고 가장자리에 톱니가 있기도 하다. 7~8월에 암자색 꽃이 원추(圓錐) 꽃차례로 핀다. 줄기와 잎은 한약재로 쓴다. 중국이 원산지이다.
4_ 은박이 변해서 검게 된 것을 말한다.
5_ 종이나 피륙 따위를 다듬잇돌에 놓고 다듬어서 윤기가 나고 매끄럽게 하는 것.

나는 여러 번 북경에 갔는데도 금박을 거래한다는 얘기를 전혀 듣지 못했다. 분명히 장인들이 만드는 방법을 숨기며 귀중하게 여기고 있기 때문일 것이다. 《포박자(抱朴子)》에는, "황금을 먹는 것이 금액(金液)을 마시는 것보다 못하지 않다. 황금을 먹는 방법은 다음과 같다. 돼지의 부혁방(負革肪)과 독한 술로 백 번 불리면 부드러워진다. 어떤 이는 가죽나무 껍질로 손질하고, 어떤 이는 모형주와 자석으로 녹여 물로 만든다"라고 하였다. —목 아래 기름이 부혁방이다. —

은박 銀箔

완성된 은박을 수은으로 녹여서 부드럽게 만든다. 초석(硝石)[6]과 소금을 섞고 갈아서 가루를 만든다. 태워서 수은을 빼내고 소금과 초석을 걸러내어 매우 고운 가루로 만들어 쓰면 좋다. 양기름과 자소자(紫蘇子)[7] 기름 모두 은을 부드럽게 한다. 옛날에는 수은을 끓여서 은박을 녹였다.

6_ 질산칼륨.
7_ 차조기, 소엽(蘇葉). 꿀풀과의 한해살이풀. 높이는 30~100센티미터이며, 잎은 마주나고 달걀 모양에 가장자리에 톱니가 있다. 8~9월에 연한 자주색 꽃이 잎겨드랑이나 줄기 끝에서 피고, 열매는 둥근 모양의 수과(瘦果)를 맺는다. 잎과 줄기는 약재로 쓰고 어린잎과 씨는 식용한다. 중국, 미얀마가 원산지이다.

분 만드는 법 造粉法

납 백 근을 녹이고 잘라서 박편(薄片)을 만든다. 그것을 말아서
통을 만든다. 시루 안에 나무를 놓고 시루 아래와 가운데에는 각각
초(醋) 한 병을 놓는다. 밖을 소금으로 굳게 바르고 종이로 시루
틈을 막는다. 풍로에 불 넉 냥을 피워 7일 동안 놓아둔다. 쓸어 담
아서 물 담은 항아리에 넣는다. 그리고 이전처럼 막아서 놓아둔다.
납이 다 사라질 때까지 이와 같이 한다. 없어지지 않고 남은 것이
있으면 볶아서 황단(黃丹)⁸을 만든다. 분(粉) 한 근마다 콩가루〔豆
粉〕두 냥, 조개가루〔蛤粉〕넉 냥을 물에 넣어 골고루 저은 뒤 가라
앉히고 맑은 물은 버린다. 고운 재를 사용하여 도랑 모양으로 주물
러 만든다. 종이 여러 겹으로 사이를 떼어놓고 그 위에 분을 놓는
다. 어느 정도 마르면 잘라서 기와 형태로 만들고 완전히 마르기를
기다려 거두어들인다.

또 다른 방법은 흑연(黑鉛)을 조옹(糟瓮)⁹ 안에 바르고 발효시키
는 것이다. 또 다른 방법은 납덩어리를 술항아리 안에 매달고 49
일 동안 입구를 닫아두는 것으로, 열어보면 변화하여 분이 되어 있
다. 변화하지 않은 것은 볶아서 황단으로 만든다. 황단의 찌꺼기는
밀타승(密陀僧)¹⁰으로 만든다. 공인(工人)들은 반드시 살찐 돼지나

---

8 납을 가공하여 얻은 산화연(酸化鉛). 열독(熱毒)을 없애고 새살을 돋게 하는 작용이 있
  어 화농성 피부 질환과 화상에 쓴다.
9 술을 거르고 난 찌꺼기를 담아두는 그릇.

개고기에 술이나 철장수(鐵漿水)를 먹어 속을 채워둔다. 공복에 그 독을 쏘이면 곧 병들어 죽는다. 《상감지(相感志)》에는, "소분(韶粉)[11]을 쪄도 하얗게 되지 않는 경우 무를 항아리에 넣고 쪄내면 하얗게 된다"고 하였다.

황단 만드는 법 黃丹法

흑연(黑鉛) 한 근, 토유황(土硫黃) 열 냥, 초석(硝石) 한 냥을 준비한다. 흑연을 녹여서 액체로 만들고 초를 몇 방울 떨어뜨린다. 끓어오를 때 유황을 넣고 잠시 후에 초석을 넣는다. 끓다가 가라앉으면 다시 초를 떨어뜨린다. 앞에서 한 대로 초석과 유황 약간을 넣고 가루가 될 때까지 기다리면 완성된다. 요즘 사람들은 연분(鉛粉)을 만들 때 연분이 되지 않은 것을 초와 명반을 이용하여 볶아서 황단을 만든다. 황단을 다시 납으로 만들려면, 단지 뿌리 달린 파 밑동에서 짜낸 즙을 골고루 섞어 약한 불에 달여서 금즙을 단련해내고 그것을 부어버리면 납으로 돌아온다.

10_ '일산화납'을 말한다. 색상의 농도에 따라 금밀타(金密陀), 은밀타(銀密陀) 따위가 있다. 이질이나 종기를 다스리는 살충 약으로 쓴다.

11_ 흰색의 분말로, 호분(胡粉), 조분(朝粉)이라고도 한다.

수은 만드는 법 造水銀法

주사(朱砂) 광석을 채취한다. 화로를 만들어 주사를 그 안에 넣고 아래에 물을 채운다. 위를 동이로 덮고 밖에서 불을 때서 단련하면 연기는 위로 날아가고 수은은 아래로 방울져 떨어진다. 그 색은 약간 탁한 흰색이다.

풀로 수은을 만드는 방법이 있다. 잎이 가느다란 쇠비름을 말리면 쇠비름 열 근당 수은 여덟 냥 또는 열 냥을 얻는다. 먼저 회나무로 쇠비름을 두들긴 뒤 햇볕이 드는 동쪽으로 시렁을 만들어 말리면 2, 3일 만에 오랫동안 말린 것처럼 된다. 소존성(燒存性)[12]이 되도록 하여, 질그릇 안에 채우고 주둥이를 막아 토항(土炕)에 묻었다가 49일 뒤에 꺼내면 완성된다.

한번은 내가 평안도 상원(祥原)의 거친 주사 가루를 쑥으로 만든 심지에 뿌리고 불을 붙인 뒤 사발로 덮고서 불이 꺼질 때까지 오랫동안 기다렸다가 꺼내었더니, 수은은 없고 그저 연기만 날 뿐이었다. 깃털로 쓸어내니 아주 작게 반짝이는 가루가 있어서 그것을 합쳐 수은 한 덩이를 만들었다.

호연(胡演)의 《단약비결(丹藥秘訣)》에 이르기를, "자병(瓷瓶)에 주사를 양에 상관없이 채우고 종이로 입구를 막는다. 향탕(香湯)

12_ 어느 물건을 태우되 아주 재가 되어 형체를 알아볼 수 없게 하지 않고 그 물건이 무엇인지 알아볼 수 있도록 검게 태운 것을 말한다.

升煉水銀

銕弓
空管

此顏
入
水

固濟

수은 만드는 법. 〈승련수은(升煉水銀)〉, 《천공개물》. 주사(朱砂)를 승화하여 수은을 제조한다.

으로 하루 밤낮을 달이고 수화정(水火鼎)[13]에 넣은 후 숯으로 입구를 막고 쇠 쟁반으로 덮는다. 땅에 구멍 하나를 파고서 사발에 물을 가득 담고 쇠 쟁반으로 덮은 수화정을 사발 위에 놓는다. 소금을 발라 단단하게 봉합하고 주위에 불을 피워 달구었다가 식기를 기다려 꺼내면 수은이 사발로 저절로 흘러들어간다. 돼지 오줌통처럼 생긴 냄비의 바깥에 종이를 여러 겹 발라서 저장해두면 새어나가지 않는다. 만약 실수로 땅에 흘렸다면 천초(川椒)[14] 가루나 차 가루를 사용하여 줍는다. 또는 순금이나 놋쇠로 끌어당기면 따라온다" 하였다.

경분[15] 만드는 법 造輕粉法

수은 한 냥, 백반(白礬) 두 냥, 식염(食鹽) 한 냥을 광택이 보이지 않을 때까지 함께 빻은 뒤, 쇠그릇 안에 펼쳐놓고 작은 오분(烏盆)으로 덮는다. 아궁이의 재를 체로 쳐서 소금물과 섞어 오분 주둥이를 꼭 막고 숯으로 이주향(二炷香)을 피운다. 열어보면 경분(輕粉)이 오분 위로 올라와 있는데 희기가 눈과 같다. 한 냥의 수은을 가지고 경분 여덟 돈을 만들 수 있다.

13_ 단약(丹藥)을 만드는 솥의 일종.
14_ 초피나무의 열매껍질을 한방에서 이르는 말. 성질은 따뜻하고 맛은 매우며, 심복통(心腹痛), 구토, 설사 따위에 쓴다.
15_ 염화제일수은을 한방에서 이르는 말. 매독, 매독성 피부병, 변비 치료제 및 외과 살충제, 안정제로 쓴다. 수은분(水銀粉), 이분(膩粉), 홍분(汞粉)이라고도 한다.

또 다른 방법은 다음과 같다. 우선 검은 명반 넉 냥, 소금 한 냥, 염초 닷 돈을 누르스름해질 정도로 볶아서 누룩〔麴〕을 만들고, 수은 한 냥에 누룩 두 냥, 백반 두 돈을 위와 같이 갈아서 승화시킨다.

주홍 만드는 법造朱紅法

석정지(石亭脂) 두 근―붉은 유황―을 신와(新鍋) 안에서 녹인 다음, 수은 한 근을 붓고 볶아서 청사두(靑砂頭)[16]를 만들되, 광택이 보이지 않을 정도의 가루로 빻아서 도가니에 담고 석판으로 덮는다. 철사로 동여매고 소금 덩어리로 밀봉하여 센 불로 달구었다가 식기를 기다려 꺼내면 항아리에 붙은 것은 은주(銀朱)[17]가 되고 입구에 붙은 것은 주사(朱砂)[18]가 된다. 지금 사람들은 황단(黃丹)과 반홍(礬紅)[19]을 섞는데, 그 색깔이 암황색이니 구분해야 한다. 진짜는 수화주(水華珠)라고 하는데, 수은 한 근마다 소주(燒朱) 열넉 냥 여덟 푼, 차주(次朱) 석 냥 닷 돈이 나온다.

16_황화수은. 황과 수은의 화합물.
17_수은으로 된 주사(硃沙). 흔히 주묵(朱墨)이나 약제 따위로 쓴다. 수화주(水花珠).
18_수은으로 이루어진 황화 광물. 육방 정계에 속하며 진한 붉은색을 띠고 다이아몬드 광택이 난다. 흔히 덩어리 모양으로 점판암, 혈암, 석회암 속에서 나며 수은의 원료, 붉은색 안료(顔料), 약제로 쓴다. 단사(丹砂), 단주(丹朱), 진사(辰砂)라고도 한다.
19_도자기에 쓰는, 황산 제일철을 태워서 만드는 붉은 채색. 강반(絳礬).

영사[20] 만드는 법 造靈砂法

신와(新鍋)를 소요로(逍遙爐) 위에 놓는다. 신와 바닥에 꿀을 바르고 약한 불로 굽는다. 유황 두 냥을 넣고 녹인다. 수은 반 근을 넣고 쇠숟가락으로 빠르게 휘저어 청사두를 만든다. 만약 불꽃이 일어나려고 하면 초(醋)를 뿜어서 끈다. 수은의 광택이 보이지 않기를 기다렸다가 꺼내어 곱게 빻아서 수화정에 가득 채우고 소금 덩어리로 밀봉한다. 아래에서 자연화(自然火)로 승화시키는데, 건수(乾水)[21] 12잔을 기준으로 삼는다. 꺼내었을 때 속침(束針) 무늬 같은 것이 있으면 만들어진 것이니, 지극히 신묘한 물건이다. 유황과 수은이 서로 제어하여 만들어지므로 단기(丹基)[22]라고도 한다. 천지가 조화하는 공력을 빼앗고 음양의 헤아릴 수 없는 오묘함을 훔쳐와 오행(五行)을 변화시킬 수 있고, 구환(九還: 구전단)을 만들어낸다.

20_수은과 유황을 섞어 가열하여 결정체로 만든 약. 정신을 안정시키고 혈을 잘 돌게 하며 담을 삭이는 데 쓴다.
21_늘 솟는 샘물이 아니고 장마 때 땅속에 스몄던 물이 잠시 솟아나서 괴는 물.
22_내단가(內丹家)에서는 수(水)·화(火)·감(坎)·리(離)를 수련(修煉)의 근본으로 삼는데, 심장은 불에 속하므로 리(離)가 되고 신장은 물에 속하므로 감(坎)이 된다. 이로 인해 심장과 신장을 단기(丹基)라고 한다.

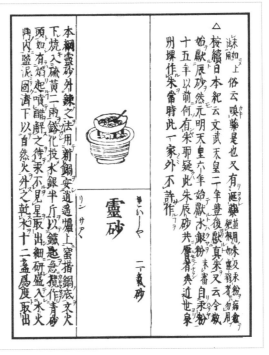

〈영사(靈砂)〉, 《화한삼재도회》. 단약의 일종. 수은과 유황을 섞어 제조한다.

황동 만드는 법 黃銅法

적동(赤銅)[23] 한 근과 노감석(爐甘石)[24] 한 근을 불리면 놋쇠〔鍮石〕 한 근 반이 된다. 노감석을 대변에 담가두었다가 비상과 함께

23_구리에 약간의 금을 더한 합금. 녹청, 황산구리, 백반, 물 따위를 섞은 다음 끓이면 검은 보라색을 띠게 된다. 예로부터 불상, 장식품 따위의 금속 공예에 썼다.
24_철, 칼슘, 마그네슘과 약간의 카드뮴 따위를 함유한 광석. 본디 흰색의 장방형 또는 육면형을 이룬 것으로 한방에서 안약으로 쓴다.

끓이면 만들 수 있다. 진유석(眞鍮石)은 파사(波斯 : 페르시아)에서 나는데 마치 황금과 같다. 태우면 검어지지 않고 붉어진다.

과일나무 열매 많이 맺는 법 果木茂盛結實法

과일나무에 구멍을 내어 종유석 가루를 조금 다져 넣으면 열매가 많아지고 맛도 좋아진다. 늙은 나무의 뿌리 껍질 사이에 조금 넣으면 나무가 다시 무성해진다.

쇠 담금질하는 법 焠鐵法

유철(柔鐵)[25]이 빨갛게 달구어졌을 때 석뇌유(石腦油 : 나프타)를 두세 차례 넣으면 옥을 자를 정도로 단단해진다. 석뇌유는 고려에 있다고 하는데, (태양이) 바위를 뜨겁게 달구어 나오는 것이라고 한다. 명(明)나라 정덕(正德) 연간에 염정(鹽井)[26]을 만들다가 발견하였는데, 모양이 기름 같기도 하고 진흙 같기도 하며, 색깔은 금빛인데 매우 심한 비린내가 났다. 쇠를 담금질하는 다른 방법은 다음과 같다. 길옆이나 여름의 밭고랑에 물이 오랫동안 괴어 있으면 청색 · 황색 · 자색으로 변하는데, (그 물로 담금질을 하면) 매우 단

25_무쇠를 불려서 만든 쇠붙이의 하나. 시우쇠.
26_소금을 얻기 위하여 바닷물을 모아두는 웅덩이.

단하고 날카롭다.

장작 대신 석탄 때는 법代薪法

석탄을 써서 불을 때거나 철광석을 불리면 그 모양은 덩어리이
거나 가루이다. 유황 가스가 있어 사람을 중독시킨다. 석탄 가스에
중독된 사람은 죽음에 이르기도 하는데, 냉수를 마시게 하면 즉시
해독된다. 불을 땔 때 먼저 냉수 한 그릇을 방 안에 두면, 독이 모
두 거기에 들어가 수면이 누런 기름처럼 된다.

석회 만드는 법石灰法

가마를 만들어 굽는다. 청석(靑石)²⁷ 한 층을 준비한다. 석탄 한
층을 아래에 두고 위에 청석을 쌓는다. 아래에서 불이 붙으면서 층
층이 불타 흩어진다.

도망간 사람을 돌아오게 하는 법逃人還法

자석을 도망간 사람의 옷으로 싸서 우물 속에 매달아놓으면 저

27_ 녹니편암(綠泥片巖). 녹니석을 주성분으로 하는 결정 편암. 녹색을 띠고, 비늘 조각을
이루며 잘 벗겨진다. 흔히 정원의 장식용으로 쓴다.

석회 만드는 법. 〈매병소석성회(煤餠燒石成灰)〉, 《천공개물》. 석탄과 청석을 한 층씩 쌓고 태워서 석회를 만든다.

절로 돌아온다. 또는 도망간 사람의 머리카락을 수레바퀴에 묶고 돌리면 저절로 돌아온다.

날가죽 무두질하는 법 治熟生皮法

소와 말의 날가죽에는 박초(朴硝)[28]를 써야 한다. 피초(皮硝)라는 이름은 여기서 생겨났다. 우리나라 인천의 바닷가 밭에서는 4, 5월 가물 때 얼음결정체 같은 천생염(天生鹽)이 생긴다. 이것으로 모피를 다루는데, 그곳 사람들은 이것을 소(素)라고 부른다. 초(硝)와 소리가 비슷하기 때문이다. 한번은 이것을 가져와 초(硝)를 만들었는데, 엉기지도 않고 불이 붙지도 않아 망초(芒硝) 등 세 가지 초[29]와는 다르니, 이는 음(陰)이 응결된 물건이기 때문이다.

금은을 땜질하는 법 銲金銀法

붕사(硼砂)[30]는 비상(砒礵)[31]을 섞고 다시 수은을 섞으면 움직이

28_초석(硝石)을 한 번 구워 만든 약재. 이뇨제로 쓴다. 피초라고도 한다.
29_박초(朴硝), 망초(芒硝), 마아초(馬牙硝)를 가리킨다.
30_붕산나트륨의 결정체. 연하고 가벼운 무색의 결정성 물질로 물에 잘 녹는다. 천연으로는 고체로 산출되고 인공적으로는 붕산에 탄산나트륨을 넣어 중화하여 만든다. 유리, 법랑, 유약의 원료, 용접제, 방부제, 화학 실험에서 붕사 구슬 반응의 시약, 한방의 담 치료약 따위로 쓴다.

는 성질을 갖게 되어 땜질하는 데 사용할 수가 있다. 호동루(胡銅
淚)[32]도 마찬가지이다. 예전에 보니, 금을 다루는 장인은 이것으
로 금가루를 제조하여 물에 타서 바르고, 단련한 다음에 또 바른
다. 색깔이 검어진 경우 견아(犬牙)[33]로 긁어내고 오미자 달인 물
로 담금질하면 새로 도금한 것처럼 휘황찬란하다. 금을 다루는
장인들이 비밀로 삼아 전하지 않는다. 강사(礓砂)도 땜질하는 데
쓴다.

화약 만드는 법 造火藥法

초석(硝石), 유황(硫黃), 삼나무 재를 섞어 봉화대(燧火臺)에서
연기를 피우는 재료로 쓰는데 불이 매우 잘 붙는다. 우리나라에서
는 삼나무를 쓰지 않고 버드나무를 쓰기 때문에 품질이 나쁘고 습
기를 잘 먹는다.

그림 도자기 畵器

그릇을 구울 때 유황과 초석을 대나무통에 담아서 말똥 속에

31_비석(砒石)에 열을 가하여 승화시켜 얻은 결정체. 거담제와 학질 치료제로 쓰였으나
   독성 때문에 현재는 쓰지 않는다.
32_땅속에 묻혀 오래된 호동의 나무진. 열을 내리고 가래를 삭이는 데 쓴다.
33_짚신나물의 뿌리를 한방에서 이르는 말. 출혈과 설사를 멈추게 하며, 해독제, 구충제
   로 쓰인다.

묻은 후 1개월이 지나면 물이 된다. 그것으로 그림을 그려서 그릇을 만들면 거위 새끼처럼 노랗게 된다. 회회청(回回靑)[34]은 지렁이 똥이나 지렁이 태운 재와 같은데, 이것으로 그림을 그려 구워 내면 푸르게 된다. 중국에서는 수많은 그릇을 모두 회회청으로 그린다고 하는데, 회회청은 지극히 귀한 물건이니 어찌 그렇게 흔하겠는가? 필시 다른 물건일 것이다. ―《천공개물(天工開物)》을 보라.

돌 삶는 법 煮石法

지유(地楡)[35]를 불태워 재로 만들고 돌을 삶으면 가루처럼 된다. 그러므로 도가(道家)에서 사용한다. 당(唐)나라 위응물(韋應物)이 "고향으로 돌아와 흰 돌을 삶네〔歸來煮白石〕"[36]라고 한 것이 이것이다. 7월 7일에 재와 돌가루를 만 번 찧어 물에 넣고 젓는다.

합향 合香

현삼(玄蔘)[37] 뿌리, 백지(白芷)[38] 잎, 목향(木香),[39] 감송(甘松),[40]

34_ 도자기에 푸른 채색을 올리는 안료(顔料)의 하나. 회회교의 지방인 아라비아에서 수입한 것에서 유래한다.
35_ 오이풀의 뿌리를 한방에서 이르는 말. 피를 멈추게 하고 독을 푸는 작용을 하여, 여러 가지 출혈증과 부스럼, 화상, 이질 따위에 쓴다.
36_ 위응물의 〈전초산(全椒山)의 도사에게 보내다〔寄全椒山中道士〕〉라는 시에 보인다.

삼내(三乃), 정향(丁香),[41] 곽향(藿香),[42] 토란〔川芋〕, 독활(獨活),[43] 양강(良薑),[44] 고본(藁本),[45] 각회(角茴),[46] 대황(大黃),[47] 황금(黃芩)[48] 등을 사용한다. 유피면(楡皮麵)[49]을 풀로 만들어 무자위〔唧桶〕[50]로 뽑아내면 선향(線香)[51]이 실처럼 나온다. 또는 그릇에 담아 사물이나 글자의 모양을 만들고는 철사에 매달아 태우는데, 이 향의 이름을 용계향(龍桂香)이라 한다.

자줏빛 물 들이는 법染紫法

춘사(春社)[52] 전후에 지치〔紫草〕[53] 뿌리를 캐어 응달에 말린다. 뿌

37_ 현삼과의 여러해살이풀. 높이는 1~1.5미터이며, 잎은 마주나고 긴 달걀 모양인데 톱니가 있다. 줄기는 사각형이고 털이 없다. 8~9월에 엷은 노란색을 띤 녹색 꽃이 원추(圓錐) 꽃차례로 피고 열매는 삭과(蒴果)로 10월에 익는다. 뿌리는 약용한다.

38_ 구릿대의 뿌리. 감기로 인한 두통이나 요통, 비연(鼻淵) 따위에 쓰며 종기에 외과약으로도 쓴다.

39_ 국화과의 여러해살이풀. 높이는 80~200센티미터이며, 잎은 어긋나고 타원형으로 뒷면에 털이 빽빽이 나 있다. 7~8월에 누런색의 두상화(頭狀花)가 핀다. 뿌리는 곽란이나 심복통(心腹痛), 이뇨 따위의 약재로 쓴다.

40_ 중국 귀주(貴州), 사천(四川) 등지에서 나는, 향기 나는 풀. 높이가 15센티미터 정도이며 잎은 가늘어 띠의 잎과 비슷하다. 뿌리는 배며 단맛이 있는데 볕에 말려 태우면 좋은 향기가 난다. 한방에서 심복통에 약재로 쓴다.

41_ 말린 정향나무의 꽃봉오리. 성질이 따뜻하고 맛이 매워서 심장이나 복부가 차서 생기는 통증, 구토, 설사 따위의 치료제로 쓴다.

42_ 꿀풀과의 여러해살이풀. 줄기는 높이가 20~30센티미터이며, 온몸에 털이 있다. 잎은 달걀 모양이고 톱니가 있다. 7~9월에 입술 모양의 연한 붉은색 꽃이 총상(總狀) 꽃차례로 핀다. 산에 자라는데 제주, 함북 등지에 분포한다.

43_ 두릅나뭇과의 여러해살이풀. 줄기는 높이가 1.5미터 정도이며, 잎은 깃모양 겹잎이다. 여름에 연한 녹색 꽃이 산형(傘形) 꽃차례로 피고 열매는 가을에 장과(漿果)로 검게 익는다. 어린잎은 식용하고 뿌리줄기는 겉껍질을 벗겨 말려서 편두통의 치료에 쓴다.

리 끝부분에는 부들처럼 흰 털이 있다. 꽃이 피기 전에 채취하면 뿌리 색깔이 선명하고, 꽃이 진 뒤에 채취하면 시커먼 것이 보기 싫다. 채취할 때에는 돌로 눌러서 납작하게 하여 햇볕에 말리고, 거둘 때에는 나귀나 말의 똥에 빠뜨리거나 연기를 쐬는 것을 피해야 하니, 모두 색깔을 누렇게 만들기 때문이다.

망초芒草

모피(茅皮)와 비슷한데, 새끼를 꼬아 신을 삼을 수 있다. 그 줄기와 이삭으로는 빗자루를 만들 수 있다. 예전에 그 꺼풀을 벗겨

44_생강의 한 종류. 높이는 90~110센티미터이며, 봄에 붉은 점과 흰 테가 있는 흰 꽃이 핀다. 씨는 홍두구(紅荳蔲)라 하여 뿌리와 같이 한약재로 쓴다. 중국 광동(廣東), 광서(廣西), 귀주(貴州), 사천(四川) 등지에서 난다.
45_미나리과의 여러해살이풀. 가을에 뿌리를 캐어 말려서 약으로 쓴다.
46_목련과 상록수의 열매. 건조한 후 분말 형태로 만들어 향신료로 이용한다.
47_마디풀과의 여러해살이풀. 높이는 1미터 정도로 속이 비어 있으며 잎의 길이는 25~30센티미터이다. 꽃은 7~8월에 피고, 뿌리는 약용한다. 만주, 몽골 등지에서 자란다.
48_꿀풀과의 여러해살이풀. 높이는 20~60센티미터이며, 잎은 마주나고 피침 모양이다. 7~8월에 자줏빛 꽃이 총상(總狀) 꽃차례로 피고 열매는 수과(瘦果)를 맺는다. 뿌리는 약용하며, 산지(山地)에서 자라는데 한국, 중국 등지에 분포한다.
49_느릅나무 껍질의 가루.
50_물을 높은 곳으로 퍼 올리는 기계.
51_향료 가루를 가늘고 긴 선 모양으로 만들어 풀로 굳힌 향.
52_입춘이 지난 뒤 다섯 번째 무일(戊日).
53_지칫과의 여러해살이풀. 줄기는 높이가 30~60센티미터이며, 잎은 어긋나고 피침 모양이다. 5~6월에 흰색 꽃이 총상(總狀) 꽃차례로 피고 열매는 작은 견과(堅果)를 맺는다. 뿌리는 약용하거나 자주색 염료로 쓴다.

종다래끼[54]를 만든 적이 있는데, 오래되어도 썩지 않았다. 민간에서 이것을 낚싯줄로 쓴다고 한다.

쑥의 효험 ▪

5월 5일 닭이 울 무렵 사람 모양 같은 쑥을 캐서 이것을 태워 쬐이면 병에 효험이 좋다. 이날 쑥을 캐서 사람 형상을 만들어 문에 걸어두면 독기를 몰아낼 수 있다. 그 줄기를 말려서 삼씨기름에 적신 후 쑥뜸 심지에 불을 붙이면 자창(炙瘡)[55]에 윤기가 돌면서 나을 때까지 아프지 않다. 또 시초(蓍草) 대신 쓸 수도 있고 촉심(燭心)[56]을 만들 수도 있다. 이것은 명나라 이시진(李時珍)[57]의 말이다. 시진은 월지옹(月池翁) 이언문(李言聞)[58]의 아들인데 신의(神醫)로 세상에 이름을 널리 떨쳤다.

쑥 찧는 법 搗艾法

《용재수필(容齋隨筆)》에, "쑥은 (부드럽고 연약해서) 힘을 주기 어렵다. 백복령(白茯苓)[59] 서너 조각을 넣어 함께 갈면 즉시 가루로

54_ 작은 바구니. 다래끼보다 작으며 양쪽에 끈을 달아 허리에 차거나 멜빵을 달아 어깨에 메기도 한다.
55_ 불에 데어 헌 상처.
56_ 불을 붙이기 위하여 초 속에 꼬아놓은 실이나 헝겊.

만들 수 있으니 역시 기이한 일이다" 하였다.

토사자[60] 찧는 법 搗兎絲子法

술로 찐다. 반쯤 마르고 반쯤 물기가 남아 있을 때 종이를 넣어
태운다. 대여섯 가지를 함께 찧으면 쉽게 가루로 만들 수 있다. 겨
자를 가루로 만들 때 쌀을 넣어 함께 찧는 이치와 같다.

무소뿔을 가루로 만드는 법 犀角作末法

깎아낸 다음에 종이로 싸고 가슴에 품어 사람의 체온으로 따뜻
하게 하면 탄력이 없이 쉽게 부서진다. 그러므로 인기분(人氣粉:
사람의 기운을 받은 가루)이라고 한다.

복령을 수비하는 법 茯苓水飛法

맷돌에 갈아 가루로 만들어 한동안 물에 넣어둔다. 피막과 거품
을 걷어내고 거친 베로 걸러내면 물만 아래로 나온다. 짜서 물기를

57_ 1518~1593. 명대(明代)의 의학자. 자는 동벽(東璧), 호는 빈호(瀕湖)이며, 호북(湖北)
　　기춘(蘄春) 사람이다.
58_ 명대의 의학자. 자는 자욱(子郁), 호는 월지(月池)이며, 호북 기춘 사람이다.
59_ 빛깔이 흰 복령.
60_ 말린 새삼의 씨.

제거하고 말려서 사용한다. 요즘 사람들은 이런 좋은 방법을 알지 못하고 기울여서 물을 빼고 재 위에 펼쳐놓는다.

불을 얻는 법取火法

얼음을 잘라 둥글게 만들고 그것을 들어서 태양을 향한 채 쑥을 그 그림자 아래에 두면 불을 얻는다.

화주(火珠)[61] 안경 역시 마찬가지이다. 화경(火鏡)[62]은 표면이 오목한 것이다. 해를 향하면 그림자가 앞에 생기는데 역시 쑥을 그 그림자 아래에 두면 불을 얻을 수 있다. 쇠를 두드리거나 나무를 비벼도 불을 얻을 수 있다. 대개 움직이면 불이 나는 법이다. 마른 대나무 조각을 쳐도 불이 생긴다.

물 얼리는 법凝水法

팔팔 끓는 물을 가져다가 병 안에 넣어 입구를 단단히 막고서 곧바로 우물에 넣어두면 얼음이 된다. 또는 얼음을 기둥에 갈아서 딱 맞게 만든 뒤에 단단히 고정시키고 소금으로 급히 문지르면 비록 여름이라도 얼음물은 흘러내리지만 덩어리는 떨어지지 않는다.

61_ 불을 일으키는 구슬. 수정 빛의 바둑알 모양인데 햇빛에 갖다 대고 솜을 가까이에 놓으면 그 솜이 탄다고 한다.
62_ 햇빛을 비추면 불을 일으키는 거울. '볼록 렌즈'를 이르는 말이다.

〈복령(茯苓)〉, 《화한삼재도회》. 버섯의 일종. 수종(水腫), 임질, 설사 따위에 약재로 쓴다.

本綱茯苓此大松下附根而生無苗葉花實作塊如拳在土底大者至數斤有赤白二種或云松脂變成或云假松氣而生今見之古松久爲人斬伐其抗折櫨櫛枝葉不復上生者謂之茯苓撥削于四面丈餘地內以鐵頭錐刺地如有茯苓則錐固不可拔乃撅取之其發大者爲茯苓亦大皆自作塊不附著根其抱根而輕虛者爲伏神則假衆生

和漢三才圖會卷第八十五

寓木類

附苞木類 即竹之類也

唐音 ホクリ

茯苓

ぶくりゃう

伏靈 伏兎

不死麪 松腴

抱根者 名伏神

진홍 물 들이는 법 染眞紅法

5월 새벽에 홍화(紅花)[63]를 따서 잘 찧고 물에 인다. 포대에 넣고 황즙을 짜낸다. 다시 찧어 식초나 쌀뜨물로 씻는다. 다시 찧어 포대에 넣고 즙을 짜낸다. 청쑥으로 덮어 하룻밤 묵혀두었다가 햇볕에 말린다. 반죽하여 얇은 떡 모양으로 만들어 그늘에 말린다. 염색할 때에는 먼저 콩깍지를 태운 잿물에 담가두었다가 붉은 즙이 나오면 오미자와 섞거나 오매즙(烏梅汁)[64]을 섞어서 염색한다. 그 즙을 사기그릇에 발라 건조하면 연지가 된다. 홍화 열매를 찧어 부수고 즙을 달이면 초[燭]를 만들 수 있다.

백마白麻

어저귀이다. 그 껍질로 길쌈을 하거나 밧줄을 만들 수 있다. 또 가늘게 썰고 석회를 섞어 벽을 바르거나 누리장나무로 만든 고리에 바르면 새지 않는다. 그 줄기를 유황에 담가서 등을 밝히는데, 불이 빨리 붙는다.

마해馬薤

마랑이[荔][65]이다. 창포와 비슷하지만 작다. 뿌리는 가늘고 길며 속이 비어 있고 노란색이다. 사람들이 채취하여 말솔[66]로 사용한다. 그러므로 철소추(鐵掃箒: 쇠빗자루)라 부른다. 그 풀은 소, 말, 돼지 모두 먹지 않는다.

63_ 잇꽃의 꽃과 씨. 잇꽃은 엉거시과에 딸린 두해살이풀로, 높이는 1미터쯤이고, 버들 잎 모양의 잎에 가시 같은 톱니가 있다. 꽃은 7~8월에 붉은빛이 도는 노란빛으로 줄기 끝과 가지 끝에 한 송이씩 핀다.

64_ 오매는 덜 익은 푸른 매실을 짚불 연기에 그슬려 말린 것이다. 오래된 기침, 소갈(消渴), 설사에 쓰며 회충을 없애는 데도 쓴다.

초갈 蕉葛 ■

민(閩) 땅 사람은 파초로 길쌈을 하여 잿물로 삶아서 베를 만드는데, 이를 초갈(蕉葛)이라 한다. 지금의 복건(福建)에서 나는 모시는 매우 윤택이 나지만 부드러우면서 질긴 우리나라의 모시만 못하다.

골풀 ■

용수초(龍鬚草: 골풀)와 석룡추(石龍芻)로 베를 짜서 자리를 만들 수 있다. 아마도 지금의 관(菅: 골풀)과 같은 종류인 듯하니, 바로 '골'이다. 무늬를 넣으면 용수라고 부른다. 이백(李白)이 "용수 돗자리 말지 마소서〔莫卷龍鬚席〕"라고 한 것이 이것이다. 그 줄기의 중심으로 초의 심지를 만드니, 바로 '골'이다. '왕고새늘'과 같은 종류이다.

65_ 붓꽃의 옛말. 붓꽃과의 여러해살이풀. 높이는 60센티미터 정도이고, 뿌리줄기가 옆으로 뻗고 잔뿌리가 나와 자라며, 잎은 떨기로 나고 긴 칼 모양이다. 초여름에 푸른 빛이 도는 짙은 자주색 꽃이 꽃줄기 끝에 두세 개씩 피고 열매는 삭과(蒴果)이다. 민간에서는 뿌리줄기를 피부병에 쓰고 관상용으로 널리 재배한다. 산록의 건조한 곳에서 자라는데 한국, 일본, 만주, 동부 시베리아 등지에 분포한다.
66_ 말의 털을 씻거나 빗어주는 솔.

적백규화赤白葵花

줄기와 껍질로 베를 짜거나 새끼를 삼을 수 있다.

촉양천蜀羊泉 ▪

꿀벌이 벌집을 지을 때에는 칠고초즙(漆姑草汁)[67]을 물어 와 밑대
를 만든다고 하는데, 바로 이 풀이다. 일명 양이(羊飴)라고도 하는
데, 잎은 국화와 비슷하고 자줏빛이며, 씨는 구기자 같고 뿌리는
원지(遠志)[68] 같다. 꽃술은 없으나 꽃가루는 있다. 음습한 곳에서
자란다.

푸른 물 들이는 법染靑法

지름 두 치 정도, 두께 두세 푼 되는 쪽잎[69]을 짓이겨서 즙을 채
취하여 물들인다. 숭람(菘藍)[70]은 잎이 배추와 같다. 남쪽 지방 사
람들은 땅을 파서 구덩이를 만들고 쪽을 물에 담가 하룻밤 묵힌 뒤

67_칠고초는 석죽과의 두해살이풀로, 개미자리라고도 한다. 높이는 2~20센티미터이며,
  잎은 마주나고 가는 피침 모양이다. 6~8월에 흰 꽃이 잎겨드랑이에서 나온 꽃자루
  끝에 한 송이씩 피고 넓은 달걀 모양의 삭과(蒴果)를 맺는다. 밭이나 길가에서 나는데
  우리나라 각지에 분포한다.
68_원지과의 여러해살이풀. 줄기는 높이가 30센티미터 정도이며 잎은 어긋나고 선 모
  양이다.

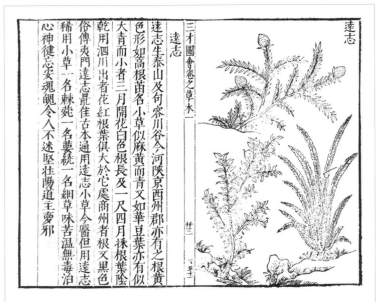

達志

心神健忘安魂魄令人不迷堅壯陽道王蘷邪
稀用小草一名棘菀一名葽繞一名細草味苦溫無毒治
俗傳夷門遠志尤佳古本通遠志小草今醫但用遠志
乾用泗州出者花紅根葉俱大於亡處商州者根又黑色
大青而小者三月開花白色根長及一尺四月採根葉陰
色形如蒿根苗名小草似麻黃而青又如荳葉亦有似
達志生泰山及句容川谷今河陝京西州郡亦有之根黃
遠志
三才圖會見卷之一草水一

〈원지(遠志)〉,《삼재도회》. 뿌리를 말려서 심지를 빼내고 약재로 쓴다.

석회를 넣고 여러 번 저은 다음 가라앉혀 맑게 하고 물을 버리면
청흑색이 되는데, 말려서 거두어 그것으로 푸른 물을 들인다. 우리
나라의 이른바 반물〔半水〕71이다. 그 거품을 걷어내어 그늘에 말린
것을 청대(靑黛)라고 하는데, 비록 파사(波斯)의 진짜 청대와는 다

69_쪽은 마디풀과의 한해살이풀로, 높이는 50~60센티미터이며, 잎은 어긋나고 긴 타원
형이다. 7~8월에 붉은 꽃이 수상(穗狀) 꽃차례로 피고 열매는 수과(瘦果)를 맺는다. 잎
은 염료로 쓴다. 중국, 인도차이나가 원산지로 전 세계에 분포한다.
70_대청. 십자화과의 두해살이풀. 높이는 70센티미터 정도이며, 줄기잎은 어긋나고 긴
타원형 또는 피침 모양이다. 초여름에 노란 네잎꽃이 가지나 줄기 끝에 총상(總狀) 꽃
차례로 피고 열매는 둥글넓적한 장각과(長角果)를 맺는다. 열매는 해독제나 해열제로
쓰고 잎은 쪽빛 물감의 재료로 쓴다. 바닷가에 자라는데 원산 이북에 분포한다.

조선의 실용지식 연구노트 **147**

르지만 색칠하는 데 쓸 수는 있다.

면 만드는 법 造麵法

개여뀌[72] 잎으로 즙을 내어 밀가루와 섞어 누룩을 만든다. 여뀌의 매운 맛을 얻기 위해서이다. 민간에서는 피마자 잎이나 말여뀌 잎으로 싸서 밟는다는데, 우스운 일이다.

피마자 기름 짜는 법 草麻油法

피마자 씨 닷 되를 찧고 물 한 말을 넣어 삶는다. 부글부글 거품이 일어나면 걷어내는데, 거품이 다 없어지면 멈춘다. 물을 버리고 거품으로 졸이는데, 불을 붙여도 불꽃이 튀지 않고 물을 떨어뜨려도 흩어지지 않을 정도로 한다. 초마(草麻) 씨를 찧을 때는 소금을 약간 넣고 졸인다.

71_ 반물빛. 검은빛을 띤 짙은 남색.
72_ 마디풀과의 한해살이풀. 높이는 30~50센티미터이며, 잎은 어긋나고 피침 모양이며 온몸에 붉은 자주색을 띤다. 6~9월에 걸쳐 붉은 자주색의 이삭꽃이 피고 열매는 수과(瘦果)를 맺는다. 들이나 길가에 자라는데 한국, 일본, 중국, 사할린, 히말라야 등지에 분포한다.

고기를 연하게 하는 법 軟肉法

요리사가 단단한 생선이나 고기를 삶을 때 봉선화 씨 몇 알을 넣으면 쉽게 부드러워진다. 늙은 돼지 머리를 삶을 때 산사(山査)를 넣으면 쉽게 익는다.

마취하는 법 麻法

막북(漠北)[73] 회회(回回)[74] 지방에 압불로(押不蘆)라는 풀이 있는데, 그곳 사람들이 이 풀 약간을 갈아서 술에 넣어 마시면 온몸이 죽은 것처럼 마취되어 칼이나 도끼로 찔러도 알지 못한다. 사흘이 지나서 해독제를 투여하면 깨어난다. 어약원(御藥院)에서도 저장해둔다. 탐관오리 중에 죄가 심한 자에게는 백일단(百日丹)을 먹이는데 모두 이것을 사용한다. 창자를 가르고 위를 세척하는 데는 아마도 이와 같은 약을 사용했을 것이다. 골절과 탈골을 치료할 때는 초오(草烏)[75]를 마취약으로 쓰고 해독제로는 생강을 쓴다.

또 만다라화(曼陀羅花)라는 것이 있다. 줄기 하나가 곧게 자라는데, 높이는 네댓 자이고 곁가지가 나지 않는다. 줄기는 녹색이

73_사막의 북쪽이라는 뜻으로, 고비 사막 이북인 현재의 외몽골 지방을 이르는 말.
74_회흘(回紇). 중국 수나라 때 '위구르'를 이르던 이름.
75_투구꽃. 바꽃의 덩이뿌리를 한방에서 이르는 말. 독성이 많은 열성(熱性) 약재로, 심복통, 관절통 따위에 쓴다.

고 잎은 푸르며 연잎 같다. 8월에 흰 꽃을 피운다. 꽃잎은 여섯 개이고, 모양이 나팔꽃 같은데 크며, 꽃을 감싸면서 가운데가 터져있다. 잎과 함께 바깥쪽을 둘러싸고 있는데, 아침이면 열렸다가 밤이면 닫힌다. 열매는 둥글고 가시가 있으며 안에는 작은 씨가 있다. 그 꽃을 따서 화마자(火麻子) 꽃과 똑같이 섞어 그늘에서 말려 가루로 만든다. 이것을 잘 익은 술에 타서 석 잔을 마시면 잠시 후에 취한 듯 몽롱해진다. 종기를 째고 뜸을 놓을 때 먼저 이약을 먹으면 아픈 줄 모른다. 전하는 말에 따르면 이 꽃을 웃으면서 따서 술을 빚어 먹으면 사람을 웃게 하고, 춤추면서 따서 술을빚어 먹으면 사람을 춤추게 한다고 하는데, 시험해보니 과연 그러하다.

맞은 상처 만드는 법 ■

소인배들은 싸움을 하면 완화(莞花)[76] 잎사귀로 피부를 문질러서 맞은 상처와 같은 붉은 부스럼을 만들어 사람을 무고하니, 관리 노릇 하는 자는 몰라서는 안 된다. 완화의 즙과 소금을 섞어 계란에 문지르면 겉이 붉은색으로 물든다. 가짜 호박(琥珀)을 만들 때 간혹 이 방법을 사용하는 듯하다.

76_말린 팥꽃나무의 꽃봉오리를 한방에서 이르는 말. 부종(浮症), 창증(脹症), 해수(咳嗽), 담(痰) 따위에 쓴다.

고기를 마취시키는 법 毒魚法

취어초(醉魚草)[77]는 가파른 벼랑 옆에서 많이 난다. 높이 서너 자되는 작은 줄기가 나며, 뿌리 모양은 구기자와 같고 줄기 모양은 광대싸리[78]와 같다. 잔가시가 있으며 겉에 얇고 누런 껍질이 있다. 가지가 금방 자라 무성하게 뻗는다. 잎은 수양버들처럼 좌우대칭으로 난다. 겨울에도 시들지 않는다. 7, 8월에 꽃이 피고 이삭이 패면 붉은빛과 자줏빛이 나는데 흡사 완화(莞花)와 같다. 작은 열매가 열리는데, 고기 잡는 사람이 꽃과 잎을 따서 고기를 중독시키면 모두 우물쭈물하다가 마취된다. 완화도 그러하고 붓순나무〔莽草〕도 그러하다. 쥐를 마취시키는 데 쓰는 가래나무 껍질도 그러하다.

쇠를 금으로 바꾸는 법 變鐵爲金法

촉(蜀) 땅에는 투산근(透山根)이 있는데, 풀은 궁궁이 싹〔蘼蕪〕

77_측백나뭇과의 낙엽 관목. 높이는 1~1.5미터이며, 잎은 피침 모양 또는 긴 달걀 모양이고 끝이 뾰족하다. 여름에 붉은 자주색 통꽃이 수상(穗狀) 꽃차례로 모여 핀다. 독이 있어 고기잡이에 쓴다. 중국이 원산지로 산이나 들, 강가에서 자라는데 한국에도 분포한다.

78_운향과의 낙엽 활엽 관목. 높이는 보통 1.2~1.5미터이지만 때로는 10미터까지 자라는 것도 있으며, 잎은 마주나고 긴 타원형이다. 6~7월에 노란 꽃이 잎겨드랑이에서 피고 열매는 삭과(蒴果)로 가을에 맺으며 어린잎은 식용한다. 산과 들에서 자라는데 한국, 일본, 대만 등지에 분포한다.

과 비슷하며, 쇠를 금으로 변화시킬 수 있다. 어떤 사람이 약을 캐다 잘못하여 이 풀을 베었는데 칼이 갑자기 금으로 변했다. 금영초(金英草)는 쇠비름[馬齒莧]과 비슷한데 쇠를 금으로 만든다. 강한 독이 있어서 사람의 입에 넣으면 모두 자수(紫水: 양잿물)로 변하여 잠깐 사이에 죽는다. 수은에 넣으면 모두 금으로 변하고, 솥에 넣고 끓이면 솥이 금으로 변한다.

천화분 만드는 법造天花粉法

가을이나 겨울에 하눌타리[瓜蔞] 뿌리를 캐어 껍질을 벗기고 잘게 잘라 물에 담근다. 4, 5일 동안 쓴맛이 없어질 때까지 매일 물을 갈아준다. 꺼내어 짓이겨서 비단주머니에 넣고 즙을 걸러내고 맑게 가라앉혀 햇볕에 말린다. 갈분(葛粉)[79]이나 녹두가루를 만들 때도 마찬가지로 한다.

진홍 물 들이는 법染絳法

꼭두서니풀[茜草]로 물들인다. 털가죽이나 뼈나 뿔로 만든 물건은 소목(蘇木)[80]을 끓여 즙을 우려내고 백반을 넣어 물들인다. 물들

79_ 칡뿌리를 짓찧어 물에 담근 뒤 가라앉은 앙금을 말린 가루.
80_ 콩과에 속하는 상록 교목의 속살을 한방에서 이르는 말. 어혈이나 통증을 없애는 작용이 있어 외과 질병 및 생리 불순을 치료하는 데 쓴다.

일 때 쇠그릇은 피한다. 그러지 않으면 색깔이 어둡게 된다. 사철
나무 잎도 붉게 물들일 수 있다.

노란 물 들이는 법染黃法

울금(鬱金)[81]이 가장 좋다. 회나무 꽃이 피지 않았을 때 따서 물
에 익히는데, 한 번 끓으면 꺼내고 그 찌꺼기를 떡처럼 만들어 물
들이면 더욱 선명한 노란색이 된다. 노린재나뭇잎[山礬葉]도 좋다.

검은 물 들이는 법染皂法

비(椑)는 작은 감인데, 잘 익더라도 검푸른색이다. 찧어서 즙을
우려낸 것을 시칠(柿柒)이라고 하는데, 비단부채를 물들일 수 있
다. 상수리나무나 흑단도 좋다. 그 나무는 높이가 일고여덟 자에
색깔은 물소뿔과 같다. 등자(鐙子)[82]나 젓가락을 만들기도 한다.

81_심황. 생강과의 여러해살이풀. 뿌리줄기가 노랗고 굵으며, 타원형 잎이 뿌리에서 나
온다. 여름과 가을에 입술 모양의 노란색 꽃이 핀다. 뿌리줄기는 한방에서 지혈제로
쓰고 말린 뿌리줄기는 노란 물감을 만드는 데 쓴다. 열대 지방에 분포한다.
82_말을 타고 앉아 두 발로 디디게 되어 있는 물건. 안장에 달아 말의 양쪽 옆구리로 늘
어뜨린다.

황약자黃藥子

줄기의 높이는 두세 자이고 부드러우며 마디가 있다. 등나무와 비슷하지만 등나무는 아니다. 잎 크기는 주먹만 하고 길이는 세 치쯤 되는데 또한 뽕나무와 비슷하지도 않다. 그 뿌리는 길이가 한 자쯤 되고, 겉은 갈색이며 안은 황적색(黃赤色)인데, 소루쟁이[羊蹄]^[83] 뿌리와 비슷하다. 짓이겨서 염람항(染藍缸: 염색에 쓰는 항아리)에 넣으면 쉽게 변색된다고 한다. 요새 냉이 줄기를 재로 만들어 섞는 것 또한 이런 이유 때문이다.

새끼 꼬아 짚신 삼는 법造繩索織草履法

성등(省藤),^[84] 일명 홍등(紅藤)은 남쪽 지방 깊은 산속에서 난다. 껍질은 붉고 굵기는 손가락만 하며 물건을 묶는 데 쓸 만하다. 조각조각 잘 벗겨진다. 물에 담근 뒤 짚신을 삼는다. 등주(登州) 사람들은 반건조된 다시마[海帶]로 물건을 묶는다. 종려나무 껍질,

---

83_ 마디풀과의 여러해살이풀. 높이는 30~80센티미터이며, 잎은 어긋나고 타원형의 피침 모양이다. 6~7월에 녹색 꽃이 원추(圓錐) 꽃차례로 잎겨드랑이에서 나온 꽃줄기에 피고, 열매는 수과(瘦果)를 맺는다. 어린잎은 식용한다. 습한 들에 나는데 우리나라 중부 이북에 분포한다.

84_ 등(藤). 콩과의 낙엽 덩굴성 식물. 줄기는 길이가 10미터 정도이고 마디가 있다. 잎은 길이가 4~8미터이고 달걀 모양의 타원형이며 끝에 덩굴손이 있어 다른 물건을 감아 올라간다. 여름에 자주색의 잔꽃이 총상(總狀) 꽃차례를 이루는데 수꽃은 길다. 열매는 협과(莢果)를 맺는다.

광랑나무 껍질로 새끼를 꼬아 물에 담그면 천 년이 지나도 썩지 않아 닻줄을 만들 수 있다.

쉰 술을 마실 수 있게 하는 법 救酸敗酒法

강동(江東)에 등나무가 있는데 자등(紫藤)[85]이다. 줄기가 나무에 붙어서 자라는데, 속에서부터 겹겹이 줄기가 있다. 4월에 예쁜 보랏빛 꽃이 핀다. 장안(長安) 사람들이 정원에 심는다. 그 열매에는 모가 나 있는데, 모난 곳에 씨가 있다. 이 씨를 볶아 술에 넣으면 술이 쉬지 않는다. 쉰 술에 사용해도 역시 원래대로 된다. 붉은 팥[赤小豆]을 볶아 넣어도 원래대로 된다.

자리 만드는 법 作薦法

율초(葎艸)를 말려서 잘게 찢고 그것을 엮어서 자리를 만든다. 말옷[馬衣]도 만들 수 있다. 관(菅)―골―, 손(蓀)―부들―, 창포(菖蒲), 망(芒)―그령[86]―, 원(芫)―총포(葱蒲), 용향, 향포(香蒲)―, 무척손(無脊蓀)―잘피―, 난적(亂荻)―달―, 담가(菼

85_ 보랏빛 꽃이 피는 등나무. 다른 문헌을 보면 강동 사람들이 초두등(招豆藤)으로 불렀다고 한다.
86_ 볏과의 여러해살이풀. 높이는 30~80센티미터이고, 잎은 선형(線形)이고 8~9월에 붉은 갈색 꽃이 원추(圓錐) 꽃차례를 이룬다. 잎은 새끼의 대용으로 쓰며 한국, 중국 등지에 분포한다.

蒫)―갈―, 또 완(菀)―셴|알[87]―이 있어 초립을 만드는데, 영남(嶺南)에서 난다. 또 조사립(造簑笠) ―늘―, 감탕나무 껍질(산마(山麻)), 쟈오락,[88] 고(菰)―줄―, 삼릉포(三稜蒲)―왕고시[89]―도 있다.

두부 만드는 법 豆腐法

한(漢)나라 회남왕(淮南王) 유안(劉安)에게서 비롯되었다. 콩을 물에 불려 맷돌에 간 후에 베로 걸러낸다. 짜서 찌꺼기를 제거하고 졸이면 완성된다. 간혹 간숫물, 노린재나뭇잎(山礬葉), 산장(酸漿),[90] 식초 찌꺼기를 넣고 거두어들여 베에 싸서 덩어리로 만든다. 또는 항아리에 석고가루를 넣어 거두어들이는 법도 있는데, 짜고 쓰고 맵고 신 음식을 모두 거두어들일 수 있다. 그 표면에 응결된

87_매자기. 사초과의 여러해살이풀. 높이는 1.5미터 정도이고 뿌리는 길게 뻗으며, 끝에 단단한 덩이뿌리가 몇 개 생긴다. 세모진 줄기는 곧게 서며 광택이 난다. 7~8월에 이삭 모양의 진한 갈색 꽃이 줄기 끝에서 산형(繖形) 꽃차례로 피고 열매는 수과(瘦果)이다. 뿌리는 한약재로 쓴다. 논이나 늪 같은 습지에 나는데 한국, 일본, 중국 등지에 분포한다.

88_부들, 줄 따위의 풀을 이르는 말.

89_장구채. 석죽과의 두해살이풀. 높이는 30~80센티미터 정도이며, 잎은 마주나고 긴 타원형 또는 넓은 피침 모양이다. 7월에 흰 꽃이 잎겨드랑이와 줄기 끝에 취산(聚繖) 꽃차례로 피고 열매는 삭과(蒴果)이다. 어린잎과 줄기는 식용하고 씨는 약용한다. 한국, 일본, 중국, 동부 시베리아 등지에 분포한다. 《동의보감》에는 '댱고재'로 되어 있다.

90_꽈리의 뿌리를 한방에서 이르는 말. 허로, 난산, 황달, 뼈가 쑤시거나 열이 나는 데에 쓴다.

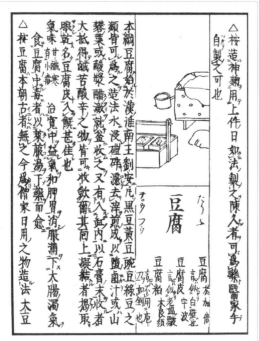

것을 걷어내어 햇볕에 말린 것을 두부피(豆腐皮)라고 한다. 반찬으로 먹으면 계란부침처럼 매우 맛있다.

엿 만드는 법 飴糖法

여러 가지 곡식으로 만들 수 있지만 모두 벼나 조로 만든 것만 못하다. 그 방법은 다음과 같다. 밥을 지어 맥아가루〔麥芽末〕를 섞고, 저녁에 술을 빚어 아침에 꺼내보면 달기가 꿀 같다. 눌러짜서 조청을 얻어 약한 불에 달이는데 손을 멈추지 않고 계속해서 젓는다. 그러지 않으면 덩어리가 된다. 호박색으로 응결된 것을 '교이(膠飴)'라고 한다. 단단하고 흰 것을 '이당(飴糖)'이라 한다.

도검을 녹슬지 않게 하는 법 刀劍不鏽法

되강오리 기름을 바른다. 또는 배추씨기름을 바른다. 또는 숯가루로 간다.

오래된 생강의 심줄을 제거하는 법 藏薑去筋法

생지게미지[槽薑]를 병 속에 담고 매미 허물을 조금 넣으면 오래된 생강이라도 심줄이 없어진다. 물성(物性)이 굴복하기 때문이다.

가짜 구리그릇 만드는 법 ▪

자줏빛 상추를 흙에 섞어 그릇을 만들고 불에 구우면 구리처럼 된다.

옷을 세탁하는 법 洗衣法

토란 달인 물로 빨면 옥같이 희어진다. 기름으로 더러워진 옷을 빨 때는 활석(滑石) 가루를 바닥에 깔고 종이를 덮어 사이를 떼고 인두불로 다리미질을 한다. 동아의 하얀 속을 '과련(瓜練)'이라고 하는데 버들개지처럼 희고 가벼워 옷을 세탁하는 데 쓸 수 있다. 조협(皂莢)[91] 씨로 몸과 얼굴을 씻으면 때가 빠져서 깨끗해진다.

돼지 살찌우는 법 肥猪法

동아 한 개를 오동잎에 섞어서 돼지에게 주어 먹인다. 그러면 겨우내 다시 다른 음식을 주지 않아도 자연히 허기가 지지 않아 서너 배나 자란다. 표주박속도 좋다. 가래나뭇잎도 쓸 수 있다. 콩기름 바른 찰떡과 마병(麻餅)[92]도 역시 좋다.

신발 깔창 만드는 법 藉靴履法

수세미외속, 화피(樺皮),[93] 솜댓잎 모두 쓸 수 있다.

비단에 그림 그리는 법 畫絹幀法

부레풀[94]을 녹여서 바른 다음 말린다. 또는 토란 삶은 즙을 바른

91_ 쥐엄나무의 열매를 말린 한약재. 성질이 따뜻하고 맛은 시고 짜며 약간의 독이 있다.
　　중풍이나 마비를 치료하고 가래를 없애는 데 쓴다.
92_ 깨를 넣고 구운 과자를 말한다.
93_ 벚나무의 껍질을 한방에서 이르는 말. 유종(乳腫), 두진(痘疹) 따위에 쓴다.

다. 《본초(本草)》에서 이른바 석화채(石花菜)라 하는 것이다.

나무 접붙이는 법接木法

감나무와 복숭아를 접붙이면 금도(金桃)가 된다. 자두와 복숭아를 접붙이면 이도(李桃)가 된다. 매화나무와 복숭아나무를 접붙이면 취도(脆桃)가 된다. 복숭아나무에 병충해가 발생하면 돼지머리 삶은 즙을 뿌리면 바로 없어진다. 능금나무에 모충(毛虫)[95]이 생기면 누에나방을 아래에 묻는다. 혹은 물고기 씻은 물을 뿌린다.

과일 보관하는 법藏果法

배와 무는 간격을 두고 보관한다. 혹은 배꼭지를 칼로 깎아 무에 심어 보관하면 모두 1년이 지나도 썩지 않는다. 요즘 북쪽 지방 사람들은 나무에 달린 열매를 싸서 겨울을 나게 한다. 귤이나 밤을 생으로 보관하려거든 깨끗한 모래에 묻어두면 여름이 되어도 여전히 신선하다.

9월 상강(霜降) 이후에 밤송이가 저절로 벌어지면서 떨어진 밤알은 오래 보관할 수 있다. 밤송이가 벌어지지 않는 것은 쉽게 썩

94_ 민어의 부레를 끓여서 만든 풀. 교착력이 강하여 목기(木器)를 붙이는 데 많이 쓴다.
95_ 몸에 털이 있는 벌레를 통틀어 이르는 말. 송충이, 쐐기벌레 따위가 있다.

는다. 복숭아나 자두와 같은 것은 생죽통(生竹筒)에 보관해도 오래
간다.

비석 탁본하는 법 打碑法

유자나무 껍질에 먹물을 적셔 비석을 탁본하면 솔을 대신할 수
있으며 종이를 손상하지도 않는다.

나무 심는 법 種樹法

은행잎의 모서리가 셋이면 수컷이고, 모서리가 둘이면 암컷이다.
암수를 함께 심어 그 나무들이 마주 보게 하면 열매를 맺는다. 암나
무가 물에 비친 그림자를 마주 보아도 열매를 맺는다. 또는 암나무
에 구멍을 뚫어 수나무 한 덩어리를 넣고 붙여도 열매를 맺는다.

동황 銅黃

《광박물지(廣博物志)》에 다음과 같은 내용이 있다.
"악주(岳州), 악주(鄂州) 등지에는 해등화(海藤花)가 있다. 꽃잎
이 바위 위로 이리저리 떨어지면 그곳 사람들이 거두어 가는데 이
를 사황(沙黃)이라 한다. 나무에서 채취하는 것은 가볍고 고운데
납황(臘黃)이라 한다. 지금 사람들은 와전하여 동황(銅黃)이라 하

는데, 동(銅)은 등(藤)을 잘못 발음한 것이므로 실제로는 등황(藤黃)이다. 석루(石淚)를 채취하는 것과 다름이 없으며, 그림 그리는 사람과 연단(鍊丹)하는 사람이 때때로 사용한다."

지금 그림 그리는 사람들이 쓰는 등황은 모두 조제해서 만든 것으로, 사람이 먹으면 마비된다. 우리나라에서는 또 와전하여 도황(桃黃)이 되었으니 우스운 일이다. 진랍국(眞臘國: 캄보디아)에는 화황(畵黃)이 있는데, 다름 아닌 수지(樹脂)이다. 원주민들이 칼로 나뭇가지를 잘라 흘러나오게 하고 이듬해에 채취한다. 이것이 진짜 동황이다.

화가의 그림에 쓰인 채색을 구분하는 법 辨畵家繪采法

공청(空靑)[96]은 익주(益州) 월수군(越巂郡)의 구리가 있는 곳에서 난다. 구리의 정기를 쐬어 생겨난다. 그 속이 비어 있고 구리, 철, 납, 주석을 금으로 만들 수 있는데, 그림에 색칠하는 데 쓰는 경우가 많으니 애석하다. 방사(方士)들은 약을 구리로 된 물건에 발라 푸른색이 나면 벗겨내어 가짜 공청을 만들어내는데, 결국 동청(銅靑)[97]일 뿐 석록(石綠)[98]에서 제대로 얻어낸 것이 아니다.

96_양매청(楊梅靑). 아연과 알루미늄을 함유한 산화 광물. 등축 정계에 속하며, 짙은 녹색이나 회색을 띠고 경도가 높으며 유리 광택이 난다.
97_구리의 표면에 슨 녹을 원료로 하여 만든 물감.
98_공작석(孔雀石). 녹색 보석의 하나. 공작새의 날개와 같이 아름다우며, 장식물이나 안료(顏料)로 쓴다.

空青

空青生益州山谷及越嶲山有銅處銅精薰則生空青今
信州亦時有之其腹中空破之有漿者絕難得亦有次者
如雞子小者如豆子楪亦無時

〈공청(空青)〉, 《삼재도회》.

青曾

曾青所出與此同山形體顏相似而色理亦無異但其形
磊磊累如連珠相綴今極難得

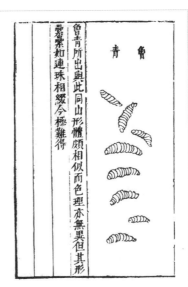

〈증청(曾青)〉, 《삼재도회》.

綠青　石綠　大綠

本綱綠青即石綠也畫家呼為大綠
本綱曾青出銅處方稜色淺如妸斯又如蚯蚓屎
生銅礦中今石綠之得青者亦謂東方正色曾青燻蒸色
如銅曾青者

曾青　その層也其青層層而生數也

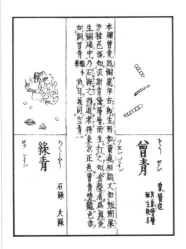

〈녹청(綠青)〉, 《화한삼재도회》.

扁青　石青　大青

本綱石青生銅坑中乃銅之根氣也銅得紫陽之
氣而生綠綠久則成石謂之石綠而銅生其中也石
青同一根兩名也但石綠之苗也有銅礦生石中者如
名石綠為下品
△按石綠繁其苗最上者曾白畫工用為綠色者趣爛如畔土者
名混綠為下品
有奈良綠青也

本綱石青今物畫家用之形扁作片其色青聲不湳者也
此亦有回回青佛頭青筆之數種而回回青尤貴也

〈편청(扁青)〉, 《화한삼재도회》.

증청(曾靑)은 구리가 있는 곳에서만 나는데, 세월이 오래되면 생겨난다. 모습은 황련(黃連)[99]을 엮은 것 같기도 하고 지렁이 똥 같기도 하다. 모나고 색깔이 짙어 파사(波斯)의 청대(靑黛)와 같다. 때리면 쇳소리가 나고, 철에 바르면 색깔이 구리처럼 붉어진다.

녹청(綠靑)[100]은 석록(石綠)이라고도 하며 대록(大綠)[101]이라고도 한다. 그림에 녹색을 칠할 때 쓰는데, 공청(空靑)과 붙어서 나온다. 화공이 벽청(碧靑)이라고 부르는 것은 바로 편청(扁靑)이니, 이것이 석록이다. 색깔이 검푸른 것이 좋다. 큰 덩어리에 청백색 꽃무늬가 있는 것이 좋은데, 사람들이 이것을 다듬어 허리띠, 기물(器物), 부인의 옷장식을 만든다. 구리가 있는 곳의 돌처럼 재질이 단단한 것은 석록(石綠)이라 하고, 부드러워 바스러진 흙 같은 것은 이록(泥綠)이라 한다. 《대명회전(大明會典)》에, "청록(靑綠) 광석 한 근을 제련하여 석록 열한 냥 넉 돈을 추출하고, 암색록(暗色綠) 광석 한 근에서 석록 열 냥 여덟 돈을 추출하며, 강사(礓砂) 한 근을 구워 강사록(礓砂綠) 열닷 냥 닷 돈을 만들어낸다" 하였다.

대청(大靑)은 바로 석청(石靑)이다. 편청(扁靑)이라고도 한다. 그 크기가 큰 주먹만 하면서 색깔이 푸른 것도 있고, 덩어리는 작지만 색깔이 좋은 것도 있으며, 모양이 넓적하면서 색깔이 옅은 것

99_ 상황련(常黃連). 위를 튼튼하게 하고 갈증을 없애는 데 쓴다.
100_ 초산동으로 만든 녹색의 도료. 또는 그 도료의 빛깔.
101_ 청자를 만드는 데 쓰는 푸른 잿물.

도 있다. 그림 그리는 사람들이 사용하는데 그 색깔이 변치 않고 푸르다. 지금 파는 석청에는 천청(天青), 대청(大青), 서이회회청 (西夷回回青), 불두청(佛頭青)이 있다. 지금은 색깔이 연한 것을 삼청(三青)[102]이라 하고, 짙은 것을 이청(二青)[103]이라 하는데, 회청(回青)이 그중에서도 귀하다. 또 패란청(貝爛青)이 있는데, 은을 다루는 장인이 녹여서 비녀를 도금하니, 모두 같은 종류이다.

이시진(李時珍)이 말하기를, "백청(白青)은 석청의 일종이다. 색이 짙은 것은 석청이고 옅은 것은 벽청이다"하였다. 그렇다면 우리나라의 이청과 삼청은 아마도 이것인 듯하다. 《회남자(淮南子)》에 이르기를, "백청이 철을 만나면 구리로 변한다"하였으니, 이대로 시험해보면 절로 의심이 없어질 것이다.

감람나무 진액 사용하는 법 欖糖法

남쪽 지방인 민(閩)·광(廣) 땅에는 무환자나무[104]와 비슷한 나무가 있다. 높고 곧으며 가팔라서 올라갈 수가 없다. 다만 뿌리 아래에 사방 한 치쯤 되는 구멍을 파고 그 안에 소금을 넣으면 열매가 모두 떨어지는데 나무는 손상되지 않는다. 그 가지 사이에서 복

102_ 동양화에서 하늘빛과 같은 푸른빛을 내는 물감.
103_ 흰 빛깔이 나는 군청색.
104_ 무환자나뭇과의 낙엽 활엽 교목. 높이는 20미터에 달하며, 가지는 털이 없고 녹갈색이다. 잎은 어긋나고 깃모양 겹잎이다. 열매 삶은 물은 세탁용으로 쓰며, 민간에서는 귀신을 물리친다고 하여 목재로 그릇을 만들어 쓰기도 하였다.

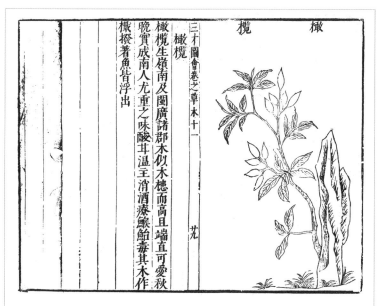

〈감람(橄欖)〉, 《삼재도회》. 감람나무의 씨에서 짜낸 기름을 감람유 또는 중국 올리브라고 한다.

숭아나무의 진액과 같은 기름이 나온다. 남쪽 지방 사람들은 이것을 채취하여 껍질과 잎을 섞어 끓이는데, 흑당(黑餳)과 같은 뜨거운 즙이 나온다. 이를 남당(欖糖)이라 한다. 이것을 사용하여 배의 갈라진 틈을 메우면 굳기가 아교나 옻과 같으며 물에 닿으면 더욱 건조해진다. 향료와 섞기도 하는데 매우 맑고 강렬하다.

일찍이 남쪽 지방의 배가 남도포(南桃浦)[105]에 표류해 온 것을 보았는데, 배에 이것을 많이 싣고 있었다. 그러나 우리나라 사람들은 알지 못하여 옻으로 오인하고는 양지에서도 음지에서도 불에도 마

105_ 진도(珍島)에 있다. 1438년(세종 20) 만호(萬戶)를 두었다.

르지 않는다고 하였으니, 무식하기가 이와 같다. 저들은 소가죽으로 만든 아교와 섞는데, 좋지 않다.

금속을 부드럽게 하는 법 柔金法

황금이 여감자(餘甘子)[106]와 만나면 부드러워진다. 여감자의 모양은 감람(橄欖)과 비슷한데 그것과는 다른 것이다. 유향(乳香)[107]을 부추 열매, 파, 마늘과 함께 데우면 즙이 만들어지는데, 오금(五金)[108]을 부드럽게 한다. 유향은 구리를 부드럽게 만들어 소리가 나지 않게 한다.

납을 닦는 법 洗鑞法

연 줄기를 달인 탕으로 씻어내면 때가 절로 벗겨져 새것처럼 된다.

구리를 금으로 만드는 법 制銅爲金法

(구리를) 오우(烏芋)[109]와 함께 찧으면 도금한 것과 같은 모양이

106_ 암마륵(菴摩勒). 과실나무 이름으로, 호두와 비슷하다.
107_ 유향나무의 진(樹液)을 말려 만든 약제.
108_ 금, 은, 구리, 철, 주석의 다섯 가지 금속을 말한다.
109_ 올방개의 뿌리를 한방에서 이르는 말. 갈증을 풀어주고, 산후 복통이나 어혈, 젖이 부족할 때에 쓴다.

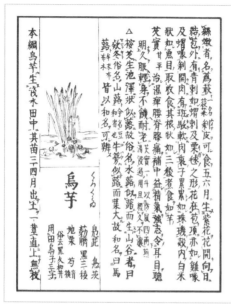

〈오우(烏芋)〉, 《화한삼재도회》.
올방개의 뿌리. 구리를 녹이는
성질이 있다.

되니, 이것이 토금(土金)[110]이다. 지금의 엽전과 같다. 깨물어보면
흠집이 나므로 알 수 있다.

물통 만드는 법 造水桶法

삼나무 판자로 만들면 세월이 오래되어도 썩지 않는다. 강남에
서는 이 나무로 관판(棺板), 선재(船材), 집기둥〔屋柱〕을 만드는데,
내수성이 강하다. 그 나무에는 흰개미가 생기지 않고 그 나무를 태

110_금빛이 나는 흙.

운 재는 발화약(發火藥: 기폭약)으로 쓴다.

소뇌[111]를 달이는 법 煎韶腦法

새로 자란 녹나무를 잘라서 조각내어 사흘 밤낮 동안 우물물에 담가둔다. 솥에 넣어 달이는데, 버드나무로 자주 저으면서 즙이 반쯤 줄어들 때까지 기다린다. 버드나무에 흰 가루[白霜]가 생기면 걸러서 찌꺼기를 제거한다. 즙을 항아리에 부어 넣고 하루 동안 묵히면 저절로 굳어 덩어리가 된다. 다른 곳에서는 녹나무가 있더라도 소뇌를 얻는 방법은 모른다.

소뇌를 단련하는 방법은 다음과 같다. 구리항아리에 가루로 만든 진벽토(陳壁土)를 바르고, 다시 장뇌(樟腦) 한 겹을 바른다. 그리고 다시 벽토를 바른다. 이와 같이 대여섯 겹으로 만들고, 박하(薄荷)를 흙 위에다 놓고 항아리로 덮는다. 진흙으로 단단히 봉하고, 불 위에서 천천히 굽는다. 잘 조절해서 너무 세거나 약하지 않게 하여 증기가 빠져나가지 않도록 한다. 식기를 기다려 꺼내면 장뇌가 모두 항아리 위에 붙어 있다. 이와 같이 두세 번 승화시키면 편뇌(片腦)[112]를 만들 수 있다.

111_장뇌(樟腦). 녹나무의 수액. 방향제 또는 방충제로 쓰인다.
112_용뇌(龍腦). 용뇌수로부터 얻은 결정체. 방향성(芳香性)이 있으며 중풍이나 담, 열병 따위로 정신이 혼미한 데나 인후통 따위의 치료에 쓴다.

칠의 진위를 시험하는 법 驗試漆法

칠을 채취할 때에는 죽통(竹筒)을 옻나무에 박아 즙을 얻는다. 또 튼튼한 도끼로 그 껍질을 쪼개고 그 사이에 대나무 대롱을 끼워 즙을 받아내면 칠이 된다. 어떤 물건을 (칠 속에) 담갔다 꺼내었을 때 가늘게 늘어지면서 잘 끊기지 않고, 끊어지면 늘어난 것이 재빨리 줄어드는 것이나, 마른 대나무에 발라 응달에 놓았을 때 빨리 마르는 것이 좋다. 손가락에 묻어서 떨어지지 않으면 들깨기름으로 씻는다. 칠이 기름을 만나면 떨어지고, 금(金)이 견면(繭綿)[113]을 만나면 달라붙지 않는데, 그 이치는 알 수 없다. 옻독이 오른 사람은 해황(蟹黃)으로 해독한다. 또 어떤 옻나무는 소하(小榎)와 비슷하지만 크다. 6월에 즙을 채취하여 물건을 칠하면 금처럼 황금빛 광택이 나는데, 지금 황칠(黃漆)이라고 하는 것이다.

오동기름 짜는 법 桐油法

〔임동(荏桐)은〕 이른 봄에 담홍색 꽃을 피우는데, 메꽃처럼 생겼고 대나무통과 같은 모양을 이룬다. 씨앗으로 기름을 만들 수 있는데, 사람들이 대부분 위조한다. 대나무살로 테두리를 만들어 (기름에) 담갔다가 꺼냈을 때 북의 표면과 같은 막이 형성된 것이

113_ 누에가 고치를 만들 때에, 고치 겉면을 둘러쌀 솜 층으로 토해놓는 물질.

落明目
出利九竅殺精物療腹脹滿消穀除欬囊結婦人胞不
味濃大者佳味辛鹹温有小毒王風痺死肌邪氣風頭淚
云長尺二者良唐注云長六寸圓厚節促直者皮薄多肉
勝木極有高大者此有三種本經云形如猪牙者良陶注
皂莢出雍州川谷及魯鄒縣今所在有之以懷孟州者為
皂莢

三才圖會卷之草木八

莢　皂

三

〈조협(皂莢)〉, 《삼재도회》. 쥐엄나무. 중풍과 마비, 기침과 가래에 좋다.

진짜이다.

조협에 열매가 맺지 않을 때 치료법■

조협이 열매를 맺지 못하는 경우, 나무에 구멍 하나를 뚫어 생철(生鐵) 세 근에서 다섯 근을 넣고 진흙으로 막으면 열매를 맺는다. 모루〔鐵砧〕로 조협을 치면 열매가 저절로 떨어진다. 쇠맷돌로 오랫동안 갈면 구멍이 난다. 노구솥에 불을 때면 대부분 터져서 조각나게 되니, 조협과 쇠는 서로 감응하여 부르는 이치가 있기 때문일 것이다.

화장품 만드는 법 面脂法

무환자(無患子), 조협자(皂莢子), 채두분(菜豆粉), 천화분(天花粉), 촉수화(蜀水花), 바위에 말라붙은 가마우지 똥 등을 쓴다. 달걀 세 개를 술에 담가 28일 동안 밀봉했다가 매일 밤 흰자를 얼굴에 바르면 (얼굴이) 눈처럼 하얗게 된다.

진주 씻는 법 洗眞珠法

무환자 씨를 달인 물로 씻는다.

배를 움직이게 하는 법 行船法

파사(波斯) 사람들은 배를 탈 때 가자(訶子), 대복자(大腹子) 등을 가져가 불의의 사태에 대비한다. 바다에서 큰 물고기가 몇 리에 걸쳐 미끈미끈한 액을 방출하여 배가 가지 못할 때 이것을 끓여 그 미끈미끈한 액을 씻으면 얼마 후 녹아서 물이 된다. 지금 사람들은 물고기 기름을 떨어뜨린다. 청아교(淸阿膠)를 써도 좋으나 구하기 어렵다.

기와나 돌을 붙이는 법 粘瓦石法

느릅나무 껍질을 물에 적시고 찧어서 풀처럼 만든다. 그것으로 기와나 돌을 붙이면 접착력이 매우 강하다. 변수(汴水)와 낙수(洛水) 지역 사람들이 돌로 절굿공이를 만들 때 이것으로 붙인다.

기구 만드는 법 造器具法

석남목(石楠木). [114]

여목(櫲木). ─우리나라에서는 문회(文檜)라고 한다.

화려(花櫚) [115]는 무늬가 있고 적색이며 성질이 견고하여 좋다. 우리나라에서는 와전되어 화뉴(花杻)라고 한다.

광랑목(桄榔木)은 대나무와 같은데 자흑색(紫黑色)이며, 무늬가 있어 바둑판을 만들 수 있고, 굳세고 날카롭기가 쇠와 같아서 낫과 호미를 만들 수 있다. 번인(番人)들은 그것을 철창(鐵鎗) 대신 쓰는데 날이 아주 예리하다.

종려나무 재목도 좋다.

114_석남(石南)은 진달랫과의 상록 관목이다. 잎은 어긋나고 긴 타원형의 선 모양으로 뒷면에 흰 가루가 덮여 있다. 5월에 흰색 또는 연분홍색 꽃이 방상(房狀) 꽃차례로 가지 끝에 피고, 열매는 지름 3밀리미터 정도의 둥근 삭과(蒴果)로 가을에 익는다. 높은 지대의 습한 곳에 사는데 한국 북부, 중국 북부, 일본 홋카이도, 러시아 사할린 등지에 분포한다.

115_화류(樺榴). 자단(紫壇)의 목재. 붉은빛을 띠며, 결이 곱고 몹시 단단하여 건축, 가구, 미술품 따위의 고급 재료로 많이 쓴다.

피사(皮絲)는 빗자루를 만드는 데 쓸 수 있다.

오동나무 재목도 좋다.

뽕나무는 활의 몸통을 만드는 데 쓸 수 있다. 뽕나무에 꾸지나무[116]를 접붙이면 크게 자라고, 뿌리 밑에 거북 껍질을 묻어두면 나무좀이 슬지 않는다.

산뽕나무속으로는 그릇을 만들 수 있는데, 주초(酒醋)를 광회(鑛灰)와 섞어 바르고 하룻밤이 지나면 간도오목(間道烏木) 무늬가 만들어진다.

대추나무는 수레축이나 수저를 만들 수 있다.

사철나무는 껍질이 희고 무늬가 있어 상아 홀(笏)처럼 만들 수 있다.

상어가죽은 칼자루를 장식하고 뼈나 뿔로 만든 물건을 다듬는 데 쓸 수 있다.

갈색 물 들이는 법 染褐

뽕나무 껍질을 삶은 즙으로 물들이면 오래 지나도 탈색되지 않는다. 또 산뽕나무로 황적색(黃赤色)을 물들이는데 이것을 자황(柘

116_뽕나뭇과의 낙엽 활엽 소교목. 높이는 10~12미터이며, 잎은 어긋나고 심장 모양 또는 달걀 모양이다. 5~6월에 연두색의 작은 꽃이 잎겨드랑이에서 피고 열매는 숟가락 모양의 핵과(核果)로 9월에 빨갛게 익는다. 어린잎은 식용하며, 열매는 약용하고, 나무껍질은 종이를 만드는 데 쓴다. 산기슭이나 밭에서 자라는데 한국, 인도, 대만 등지에 분포한다.

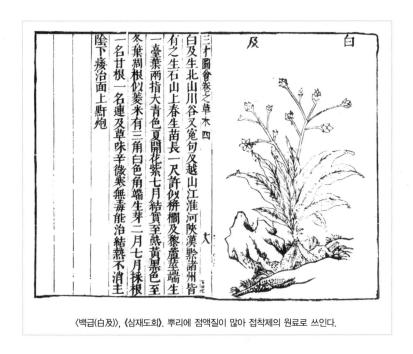

白及

三十圖會卷之草木四

白及生北山川谷又冤句又越山江淮河陜漢黔諸州皆
有之生石山上春生苗長一尺許似栟櫚及藜蘆莖端生
一臺葉兩指大青色夏開花紫七月結實至熬黃黑色至
冬葉凋根似菱米有三角白色角端生芽二月七月採根
一名甘根一名連及草味辛微紫無毒能治結熱不消主
陰下癰治面上皯炮

大

〈백급(白及)〉,《삼재도회》. 뿌리에 점액질이 많아 접착제의 원료로 쓰인다.

黃)이라고 한다. 천자(天子)가 입는 옷을 물들이는 데 사용한다.

물건을 붙이는 법沾物法

꾸지나무 아교는 주사(朱砂)를 둥근 덩어리로 만들 수 있기 때
문에 오금교칠(五金膠漆)이라고 한다. 이 즙이 가장 점성이 강한
데, 지금 사람들은 금박을 붙이는 데 쓴다. 옛 법에 경서를 붙일 적
에, 닥나무 즙에 백급(白芨)[117]·비면(飛麵)을 섞어 풀을 만들고 종
이를 붙이면 영원히 떨어지지 않는다고 하였다.

구골(枸骨)나무[118]는 안개나무[櫨]와 비슷한데 나뭇결이 희고 매끄러우므로 구부려서 그릇을 만들 수 있다. 그 껍질을 채취하여 기름을 짜서 참새 잡는 끈끈이를 만드는데, 점리(粘黐)라고 한다. 계란 흰자와 백반 가루를 섞어서 사기그릇을 붙이면 매우 튼튼하다. 중국인들은 돌절구의 모철(牡鐵)이 빠지면 석반(石礬)을 녹인 즙을 붓고 굳을 때까지 기다리는데 매우 튼튼하다.

실 염색하는 법 染絲法

서리(鼠梨)[119] 열매로 염색한다. 그 나무는 길가에 자라는데, 열매는 오미자(五味子) 같고 자흑색(紫黑色)이다. 가을이 되어 낙엽이 지더라도 열매는 가지에 그대로 남아 있다. 아마도 지금의 갈매〔郊麻〕인 것 같다. 그 껍질은 실을 염색하는 데 쓴다. 땅에 펼쳐놓고 사람이 밟으면 안쪽이 녹색으로 물드니, 내려앉는 성질이 있음을 알 수 있다.

117_자란(紫蘭)의 뿌리를 한방에서 이르는 말. 피를 멎게 하므로 주로 외상에 바르거나 위궤양에 먹는다.
118_물푸레나뭇과의 상록 관목.
119_갈매나뭇과의 낙엽 활엽 관목. 높이는 2~5미터이며, 가지에 가시가 있다. 잎은 마주나고 톱니가 있으며, 5월에 연한 황록색의 잔꽃이 한두 송이씩 핀다. 열매는 약용하고 나무껍질은 염료로 쓴다. 골짜기나 개울가에서 자라는데 경북, 충남을 제외한 한국 각지와 우수리, 중국 등지에 분포한다.

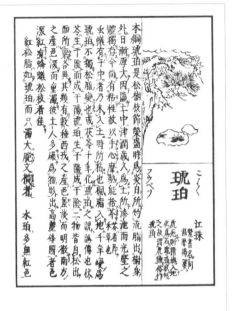

〈호박(琥珀)〉, 《삼재도회》.
소나무의 진액 따위가 오랜 세월
땅속에 묻혀 만들어진다.

호박 만드는 법 造琥珀法

청어(靑魚) 머리뼈를 삶아 만들거나 문드러진 계란을 삶아서 만든다.

우리 집 아궁이에 계란이 있었는데, 종놈이 모르고 불을 때었다. 갑자기 펑 하는 소리가 들리더니 어떤 물건이 튕겨 나왔는데, 보았더니 바로 호박(琥珀) 덩어리였다.

벼락 맞은 나무의 효험 ■

벼락 맞아 불탄 나무로 새의 그림자를 치면 그 새는 반드시 저절로 떨어진다. 방사(方士)들은 이 나무에 부적을 새겨 귀신을 부르기도 하고 문에 걸어놓아 화재를 막기도 한다.

배에서 사용하는 물건 船中所用法

율무로 선창(船窓)을 바르면 튼튼해져 찢어지지 않는다. 물이 새는 곳은 죽여(竹茹)[120]를 깎아 메우거나 마근(麻筋)에 기름과 석회를 섞어 바르기도 한다. 남쪽 지방 사람들은 남당(攬糖)을 붓기도 한다. 돌고래〔海豚〕는 기름이 많은데, 석회와 섞어 배를 수리한다.

가짜 꿀을 가려내는 법 試蜜眞假

벌이 꿀을 만들려면 사람의 소변을 꽃에서 빚어 익게 하는데, 마치 엿을 만드는 모습과 비슷하다. 붉게 달군 부젓가락을 (꿀에) 넣었다 꺼냈을 때 향기가 나면 진짜고 연기가 나면 가짜다. 지금 사람들은 색깔을 희게 만들고자 소변을 섞고 버드나무로 여러 번 저어서 거품이 일어나게 하는데, 비록 빛깔은 희어지지만 흑설탕을

120_ 솜대의 얇은 속껍질을 한방에서 이르는 말. 열을 내리고 게우는 것을 멈추게 하며 담을 삭이고 태아를 안정시킨다.

희게 만든 것과 같아 물에 섞어 마시면 끝맛에 소변 냄새가 나므로 속임수가 탄로나게 된다. 어떤 이는 흑설탕을 약에 넣어서는 안 된다고도 한다.

백랍 사용법 白蠟法

황랍(黃蠟)[121]을 채취하여 여름철에 여러 날 말리면 희어진다. 다 쓰고 나면 물에 넣고 10여 번 끓여도 역시 희어지는데, 모두 가짜이다. 진짜 백랍(白蠟)[122]은 벌레가 사철나무의 즙을 먹고 흰 기름으로 변하여 나뭇가지에 붙은 것이다. 가을이 되면 깎아내어 물에 끓여 녹이고 걸러서 찬물에 넣으면 엉기어 덩어리가 된다. 잘게 부수면 석고(石膏)[123]와 같은 무늬가 있다. 이것을 기름과 섞어 초를 밝히기도 하고 석물(石物)에 바르기도 한다. 오래되어도 곰팡이나 이끼가 끼지 않는다. 그 벌레의 새끼는 서캐나 이 같다. 가지에 알집을 만드는데, 꼭 나무에 열매가 맺은 것 같다. 그 알은 납종(蠟種)이라 부르는데, 입하(立夏)에 댓잎으로 싸서 나무마다 나누어 매달아놓으면 알집이 터지면서 알이 부화되어 (벌레가) 잎 아래에

121_ 밀(蜜). 벌집을 만들기 위하여 꿀벌이 분비하는 물질. 누런 빛깔로 상온에서 단단하게 굳어지는 성질이 있다. 절연제, 광택제, 방수제 따위로 쓴다.

122_ 밀랍을 표백한 물질. 연고, 경고 따위의 기제(基劑)로 쓴다.

123_ 황산칼슘의 이수화물(二水化物)로 이루어진 석회질 광물. 단사 정계에 속하며, 기둥 모양 또는 널조각 같은 모양의 결정을 이룬다. 흔히 무색이지만 불순물이 섞여 회색, 황색, 붉은색을 띠기도 한다. 열을 가하여 소석고(燒石膏)를 만들어 도자기 제조용 원형으로 쓰거나 분필, 모형, 조각, 시멘트 따위의 재료로 쓴다.

서 기어 나와 나무로 올라가 백랍을 만드는데, 나무 아래는 깨끗이
하고 개미를 막아야 한다.

자광 사용법 紫礦法

개미가 바닷가 기린수(麒麟樹)¹²⁴ 껍질 위에 마치 벌이 꿀을 만드
는 것처럼 만든다. 색깔을 물들일 수 있으므로 면연지(綿臙脂)¹²⁵를
만든다. 뼈나 뿔로 만든 물건의 틈을 메우는 데 쓰기도 한다. 잎에
서 나는 것은 자광(紫礦)이 되는데, 지금 칼 만드는 장인이 이것을
사용하여 뼈와 뿔, 옥과 돌의 틈을 메운다. 이 나무의 즙을 끓여내
면 혈갈(血竭)¹²⁶이 된다.

오배자¹²⁷ 사용법 五倍子法

부목(膚木)¹²⁸의 잎 위에 생기는데, 벌레가 만드는 것이다. 벌레

124_ 기린갈(麒麟竭). 야자과의 덩굴성 식물. 줄기는 높이가 20미터 정도이며, 가시가 있
   어 다른 식물에 기어 올라간다. 담황색의 작은 꽃이 원추(圓錐) 꽃차례로 피고, 비늘
   과 같은 껍질에 싸여 있는 붉고 둥근 열매를 맺는다. 열매는 익으면 붉은 진을 내며
   안료(顔料), 지혈제 따위로 쓰고, 줄기는 지팡이를 만든다. 숲의 늪가에서 자라는데
   인도네시아 수마트라 섬에 분포한다.
125_ 비단실을 꽃물에 물들여 만든 연지.
126_ 기린갈의 열매에서 뽑아낸 붉은색의 수지(樹脂). 악창(惡瘡), 옴, 금창(金瘡) 따위에
   약재로 쓴다.
127_ 붉나무에 생긴 혹 모양의 벌레집. 타닌산이 들어 있어 기침, 설사, 출혈증의 약재로
   쓰거나 잉크, 염료 따위의 재료로 쓴다.

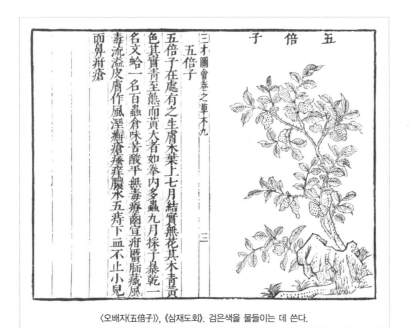

〈오배자(五倍子)〉,《삼재도회》. 검은색을 물들이는 데 쓴다.

가 그 즙을 먹으면 늙어서 알을 까는데, 잎 사이에 작은 공 모양으로 만든다. 처음 만드는 것은 매우 작으나 점점 커져서 주먹만 해진다. 그 껍질은 단단하면서도 무르고 그 속은 텅 비어 있는데 눈에놀이 같은 작은 벌레가 있다. 산에 사는 사람들은 상강(霜降: 음력 10월 23일경) 전에 채취하여 삶아 죽인다. 그러지 않으면 벌레가 반드시 구멍을 파서 껍질이 얇아지게 된다. 갖바치는 이것으로 백약전(百藥煎)[129]을 만들어 검은색을 물들여서 검은 사슴가죽을 만든다.

128_ 붉나무.
129_ 오배자와 찻잎과 누룩을 섞어 발효시킨 약. 기침, 담중, 하혈, 탈항 따위에 쓴다.

돈을 돌아오게 하는 법 還錢法

청부충(青蚨虫)[130]은 매미와 비슷한데, 새끼는 나무에 붙어 있다. 새끼와 어미를 각각 똑같은 숫자로 항아리 속에 넣어 동쪽 담장 아래에 묻고 사흘 뒤에 열어보면 섞여 있다. 어미의 피를 81개의 동전에 바르고 새끼의 피를 81개의 동전에 바른 뒤, 새끼의 피를 바른 것은 놔두고 어미의 피를 바른 것을 쓰거나, 어미의 피를 바른 것은 놔두고 새끼의 피를 바른 것을 쓰면, 아침에 썼더라도 밤이면 돌아온다.

장구더기 퇴치법 ▪

장에 구더기가 생기면 초오(草烏) 조각을 넣어둔다.

벽슬, 벼룩, 이 퇴치법 辟壁虱蚤虱法

벽슬은 빈대이다. 멧대추씨처럼 생겼고 사람의 피를 빨아 먹으며 침대를 갉아 먹는다. 옛사람들은 대부분 자리 아래에 웅황(雄黃), 사향(麝香), 창포가루, 삭곽가루〔蒴藋末〕, 여뀌가루〔蓼末〕를 두거나, 모과〔木瓜〕, 황벽(黃蘗), 소뿔, 말발굽을 태운 연기로 쫓았

---

130 파랑강충이. 강충이는 줄강충잇과의 곤충을 통틀어 이르는 말이다. 몸은 매미와 비슷하나 작고, 더듬이는 길고 홑눈이 두 개이다. 농작물의 진을 빨아 먹는다.

다. 이는 수은을 발라두면 없어진다.

납자루 구분하는 법 辨鯉魚法

옆비늘이 머리에서 꼬리까지 한 줄로 나 있다. 큰 것 작은 것 할 것 없이 모두 36개의 비늘이 있다. 비늘마다 작고 검은 점이 있다. 음(陰)의 성질이 매우 강한 동물인데, 음이 극에 이르면 양이 회복되는 법이니, 양수(陽數) 9와 양수 9가 만나 81개의 비늘이 생긴다. 또한 자유자재로 변할 수 있으며 날아서 강호(江湖)를 넘을 수 있다.

조기 石首魚

뱃속에 흰 부레가 있는데, 이것으로 아교를 만들 수 있다. 매년 4월에 바다에서 오는데, 물고기 떼가 몇 리에 걸쳐 이어지며 그 소리가 우레와 같다. 어부들이 대나무통을 바다 밑에 집어넣고 그 소리를 들으면 그물을 던져 물길을 막고 잡는다. 첫물에 오는 것이 매우 좋고 두 번째, 세 번째 오는 것은 고기가 잘고 맛이 떨어진다.

준치 勒魚

모양은 시어(鰣魚)[131]와 같아 머리가 작고 가느다란 비늘이 있다.

배 아래 단단한 가시가 있는데 시어의 가시와 같다. 머리에는 뼈가 있는데 합치면 학의 부리 같다. 오(吳) 땅 사람들이 좋아한다. 덜 익은 참외의 꼭지에 이 뼈를 꽂아두면 하룻밤 사이에 바로 익는다. 건어 뼈도 그렇다.

붕어 구분법 辨鯽魚法

모양은 잉어와 같이 생겼다. 넓적하고 큰 것은 붕어〔鯽魚〕이고, 좁다랗고 작은 것은 납자루〔鰤〕이다. 물고기는 물에서 살지만 잠시도 멈추지 않으므로 모두 화〔火: 오행(五行)의 하나〕에 속한다. 꼬리는 병(丙), 머리뼈는 정(丁), 내장은 을(乙)이라 한다.[132] 진흙만 먹고 움직이지 않기 때문에 위장병을 고치는 효과가 있다. 숭어〔鯔魚〕 역시 그렇다.

모기, 좀 퇴치법 辟蚊蠹法

뱀장어 뼈를 태우면 모기가 물로 변하게 된다. 양탄자나 집, 나무에 그 연기를 쐬면 좀을 없앨 수 있다. 옷상자에 넣어도 좀을 물

131_ 준치의 일종.
132_《이아(爾雅)》〈석어(釋魚)〉에, "고기의 머리는 정(丁)이라 하고, 고기의 내장은 을(乙)이라 하며, 고기의 꼬리는 병(丙)이라 한다〔魚枕謂之丁, 魚腸謂之乙, 魚尾謂之丙〕" 하였다.

〈해돈(海豚), 삼재도회〉.
돌고래. 돌고래가 뛰놀면
풍랑이 인다는 속담이 있다.

리칠 수 있다. 궁궁이풀을 책 속에 넣어두면 좀이 생기지 않는다. 어떤 사람은 (궁궁이풀을) 운목(芸木)이라고도 한다.

바다에서 바람을 예측하는 법 海上占風法

돌고래는 모습이 돼지 같다. 코가 머리 위에 있어 소리를 내며 물을 뿜는다. 이것을 보면 바람과 파도를 미리 알 수 있다. 바다 위로 나왔다 들어갔다 하는 것을 배풍(拜風: 바람에 절한다)이라 부른다.

烏　鰂

三才圖會卷之烏獸五

烏鰂

烏鰂狀如筭囊兩帶極長此魚腹中有墨見人及大魚常
吐墨方數尺以混其身人反以是耴之其墨能已心痛人
因呼爲墨魚背上獨一骨厚三四分形如樗蒲子而長輕
脆如通草名海鰾蛸

二十

〈오즉(烏鰂)〉, 《삼재도회》. 오징어. 오징어 먹물로 글씨를 쓰면 곧 없어진다. 이 때문에 믿지 못할 약속을 '오적어묵계(烏賊魚墨契)'라고 한다.

오징어 烏賊魚

뱃속에 먹물이 있어 그것으로 글씨를 쓸 수 있다. 다만 세월이 지나면 글씨 흔적이 사라져 종이 위에 아무것도 남지 않게 된다. 예전에는 간사한 백성들이 이것으로 문서를 만들어 사람을 속였으니, 송사를 맡은 관리는 알아두어야 한다. 백반즙(白礬汁)도 마찬가지이다. 그저 물에 담가보면 알 수 있다. 오징어 먹물로 쓴 가짜 문서는 소금물에 담가보면 알 수 있다.

가오리 海鷂魚

우리나라의 홍어이다. 꼬리에 강한 독이 있는 가시가 있다. 소변
보는 곳을 찾아 꽂아두면 음종동(陰腫疼)[133]을 즉시 낫게 한다는데,
정말 그러한지 모르겠다.

물고기 부레를 구별하는 법 辨魚鰾法

물고기의 부레는 모두 아교를 만들 수 있는데, 특히 조기〔石首
魚〕의 부레가 물건을 붙였을 때 매우 튼튼하다. 이것은 장인들이
늘 쓰는 물건이지만, 이 방법에 대한 기록은 대부분 소략하다. 요
즘에는 민어(民魚)의 부레를 많이 쓰고 조기의 부레는 거의 쓰지
않는다. 아마도 지금의 민어가 예전의 조기인 듯하다. 머리에 작은
돌이 있는데, 민어도 그렇다.

거북이를 구별하는 법 辨龜法

거북이의 정중앙에 있는 줄무늬를 천리(千里)라고 한다. 머리에
있는 첫 번째 가로무늬 좌우의 비스듬한 줄무늬가 모두 천리에 붙
어 있으면 구왕(龜王)이다. 다른 거북이에게는 없다.

133_음부가 붓고 아픈 병.

거북이는 나이가 들면 신령스러워진다. 800세가 되면 작아져서 크기가 동전만 해지는데, 여름이면 연꽃에서 노닐고 겨울에는 연뿌리에 숨는다. 숨을 쉬면 타는 연기 같은 검은 연기가 나는데, 연잎 한가운데에 있으면 그 모습이 아주 또렷하다. 이것을 본 사람은 놀라지 말고 몰래 대롱에 기름을 머금었다가 뿜으면 된다. 그러면 그 거북이는 도망갈 수 없다. 지극히 신령한 동물이므로 쇳소리를 들으면 숨고 모기가 물면 죽는다. 향유를 눈에 바르면 물에 넣어도 잠수하지 않으니, 제압하고 복종하는 사물의 이치 때문일 것이다.

거북이 오줌 얻는 법取龜尿法

거북이를 옹기에 넣고 거울로 비추면 거북이가 자기 그림자를 보고서 음심(淫心)이 생겨 오줌을 지린다. 또 종이를 꼬아 불을 붙여 그 꽁무니에 갖다 대도 오줌을 지리는데, 다만 조금 느릴 뿐이다. 지금 사람들은 돼지털이나 솔잎으로 거북이 콧구멍을 찔러 즉시 오줌이 나오게 하니 간편한 듯하다. 거북이 오줌으로 사기그릇을 갈면 부드럽게 갈아진다. 이것으로 먹을 갈아 바위에 글씨를 쓰면 몇 푼 정도 자국이 들어간다. 거북이를 연잎 위에 놓아두면 저절로 오줌을 지린다.

〈대모(玳瑁)〉, 《삼재도회》. 바다거북의 일종. 장신구 및 약재로 쓴다.

대모 잡는 법 取玳瑁法

대모를 잡아다가 그 몸뚱이를 거꾸로 매달아놓고 펄펄 끓는 초(醋)를 뿌리면 그 껍질이 손대는 대로 조각조각 떨어진다. 흐물흐물해지도록 삶아 그릇을 만든 다음, 상어 가죽으로 다듬고 고목의 잎으로 광을 내면 빛이 난다. 만약 독이 있는 음식을 담으면 반드시 저절로 요동치는데, 죽은 것으로 만들면 이러한 신령한 효과가 없다. 지금 사람들은 여러 가지 거북이 껍질로 그릇을 만드는데, 죽여서 잡거나 삶아서 껍질을 떼기 때문에 산 것과 같은 신령한 효과가 없다.

자라 잡는 법 取鼈法

자라는 알을 낳으면 품으려고 한다. 그 모양은 해그림자를 따라서 도는 것 같다. 물속에 있으면 그 위에는 반드시 거품이 있는데, 이를 자라 진액〔鼈津〕이라고 한다. 사람들이 이것을 보고 자라를 잡는다. 지금 자라를 불러내려는 사람은 소리 내어 손뼉을 쳐서 진액이 나오는 것을 보고 잡으면 여러 번 해도 놓치지 않는다.

쥐를 모으는 법 集鼠法

게에 검은 개의 피를 붓고 사흘 동안 태우면 쥐 떼가 모조리 몰려든다.

소송(蘇頌)이 말하기를, "게의 집게발을 태우면 쥐가 뜰에 모인다" 하였다.

게 먹는 법 食蟹法

날로 삶거나 소금에 절이거나 술통에 저장하거나 술에 담그거나 간장에 담그거나 모두 맛이 좋지만 쉽게 바스라진다. 등불 그림자를 보아도 바스라진다. 산초(山椒)에 닿으면 끈적이기 쉽다. 백지

(白芷)를 넣으면 해황(蟹黃)이 없어지지 않는다. 쥐엄나무 열매, 달래, 소분(韶粉)을 넣으면 바스라지거나 끈적이는 것을 피할 수 있다. 오미자와 파를 함께 넣고 삶으면 색이 변하지 않는다.

향기 내는 법發香法

참게 껍질을 향에 넣으면 향기가 가장 잘 난다. 갑향(甲香)[134]은 주먹 또는 주발만 한데, 길이는 두어 치이며 껍질 둘레에 가시가 삐쭉삐쭉 나 있다. 그 껍질만 태우면 악취가 나지만 여러 가지 향과 섞어 태우면 매우 향기롭다. 지금은 합향(合香)에 쓴다.

솥 바르는 법泥釜法

굴 껍질로 반죽을 만들어 바르면 물과 불에 잘 견디고 깨지거나 새지도 않는다. 태운 재를 벽이나 섬돌, 담장에 바르는데, 소금 굽는 집에서 사용한다. 방분(蚌粉)은 재로 만들어서 경단 모양으로 찍어내어 팔 수도 있고, 지금 석회를 사용하는 것처럼 무덤구덩이, 담장, 벽을 바를 수 있다. 방합은 대합과 비슷한 종류인데, 대합보다 조금 길다. 말조개, 방합, 대합, 다슬기, 바지락 등은 대동소이하다.

| 134_소라 껍질의 일종. 약에 넣거나 향의 원료로 사용한다.

〈몰수채주선(沒水採珠船)〉, 《천공개물》. 진주 캐는 법. 허리에 긴 줄을 매고 물속으로 들어간다. 긴 대롱을 이용해서 숨을 쉬며 진주를 캔다.

진주 캐는 법採眞珠法

단인(蜑人)[135]은 긴 끈을 허리에 묶은 뒤 바구니를 가지고 물속에 들어간다. 조개를 주워 바구니에 넣으면 끈을 흔들어 배에 탄 사람으로 하여금 급히 끌어올리게 한다. 만약 한 줄기 피가 물에 뜨면 물고기에게 잡아먹힌 것이다.

135_단족(蜑族). 중국 남부 지방의 소수민족.

구슬 꿰는 법 鑽珠

금강찬(金剛鑽)[136]을 사용한다. 메밀〔木麥〕의 모난 모양과 같은데, 철퇴로 때려도 부서지지 않고, 오직 영양(羚羊)의 뿔로 때려야부서진다. 만약 무뎌진 것 같으면, 붉게 달구었다가 식히면 날카롭게 만들 수 있다.

진주 기르는 법 養珍珠法

구멍이 없는 살아 있는 진주를 밀가루 반죽으로 싸서 오랫동안보관해두면 진주 위에 작은 진주가 생겨 낟알처럼 점점 자라난다.오래되면 저절로 떨어진다. 내가 경험해본 것이다.

가득 찬 잔이 넘치지 않게 하는 법 滿盃不溢法

거거(車渠)[137]로 술잔을 만들어 술을 가득 부으면 조금도 넘치지않는다. 시험해보니 과연 그러하였다. 수달 쓸개를 술잔 끝에 바르면 그저 넘치지 않을 뿐이지 잔이 나누어지지는 않는다.

136_ 석류석의 가루. 유리나 쇠붙이를 가는 데 쓴다.
137_ 거거과의 조개. 몸의 길이는 1.5미터, 너비 50센티미터, 무게 300킬로그램에 달한다. 껍데기는 잿빛 흰색이며 부채 모양이고 깊숙한 다섯 고랑이 있다. 수반(水盤)이나 장식품으로 쓴다. 깊은 물속의 산호초 위에 붙어사는데 태평양, 인도양 등지에 분포한다.

자패[138]紫貝

바탕이 희고 무늬가 자줏빛인데 광
채가 찬란하다. 사람들이 이것으로
물건을 간다.

홍합 먹는 법食紅蛤法

그냥 구워 먹으면 쓰지만, 먼저 좁
쌀[小米]과 함께 삶아 익힌 뒤 껍질을
버리고 다시 무, 자소(紫蘇), 동아[冬
瓜]를 넣으면 매우 맛있다.

〈자패(紫貝)〉,《화한삼재도회》.
조개의 일종. 한때 화폐로 사용
되었으며, 껍질이 단단해서 숫돌
대신 쓰기도 했다.

갑향 태우는 법燒甲香法

갑향 한 근을 쌀뜨물 한 말 반에 넣고 약한 불에 하루 밤낮을 삶
는다. 쌀뜨물을 바꾸어 다시 삶는데, 두 번 바꾸고 나서 걸러낸다.
여러 번 손질하여 향 위에 붙은 끈적끈적한 것을 벗겨낸다. 백미
서 홉과 물 한 말을 넣고 약한 불에 삶아서 졸인다. 또 꿀 서 홉과

138_ 복족강의 조개. 껍데기의 길이는 8~9센티미터이고 달걀 모양이며, 한 개의 두꺼운
　　사기질로 되어 접혀 있는데 맞닿은 곳의 양쪽은 톱니 모양을 이루어 안쪽으로 오므
　　라져 있다. 등 쪽은 자색 바탕에 얼룩무늬가 있다. 일본, 대만 등지에 분포한다.

물 한 말을 넣어 사흘 밤낮 동안 삶는다. 그리고 숯불로 땅을 달구어 따뜻하게 하고 술을 부어 적신 뒤 그 위에 향을 펼쳐놓는다. 새 기와로 위를 덮어두었다가 하루 밤낮 동안 식혀 단단해지기를 기다렸다가 돌절구에 넣고 나무 절굿공이로 찧는다. 침향(沈香) 석 냥, 사향(麝香) 한 푼을 넣고 함께 찧어 찍어낸다. 병 속에 담아 길에 묻어놓았다가 오래 지난 뒤에 태운다. 이 향을 태울 때에는 큰 화로를 써서 뜨거운 재와 강탄(剛炭)을 많이 넣고 맹렬하게 태워 다 없애야 한다. 화로 옆에 불을 지펴 물을 데우면 향이 흩어지지 않고 향 연기도 잘 올라간다. 침향, 단향(檀香), 용향(龍香), 사향과 함께 쓰면 더욱 좋다. 갑전(甲煎)이라고도 한다.

오리알 부화시키는 법 鴨卵法

청명(淸明)이 지난 뒤 알을 낳으면 안이 가득 차지 않고 곯는다. 알을 품을 때 갈리는 소리가 들리면 곯아서 부화하지 않는다. 알을 품을 암컷이 없으면 소똥으로 부화시킨다.

양잠하는 법 養蠶法

누에 칠 때 사람이 씀바귀를 먹으면 누에가 푸른 거품을 내뿜으며 썩는다. 지금 사람들은 이 풀로 만든 국을 먹지 않는데, 이 풀은 반드시 대여섯 번 찧어 먹어야 하기 때문이다.

고기 잡는 법捕魚法

그물, 낚시, 독으로 잡는 법도 있고, 고깃배에 수십 마리의 가마우지를 매어놓고 고기를 잡게 하기도 한다. 가마우지의 모습은 까마귀 같은데 부리가 길고 조금 구부러져 있다. 그러므로 오귀(烏鬼)라고 한다. 고깃배에 수달을 매달아놓으면 매우 빨리 고기를 잡는다.

여인의 장식품女人首飾

패자[貝子: 자폐(紫貝)]와 물총새 꼬리를 쓴다.

닭으로 길흉 예측하는 법 ■

황혼 무렵 닭이 홀로 울면 주인에게 천은(天恩)이 있으니, 이를 도제(盜啼)라 한다. 늙은 닭이 사람 말을 하거나 암탉이 수컷처럼 울거나 수탉이 알을 낳는 경우에는 모두 죽이면 그만이다. 시골 사람들은 닭을 기를 때 수탉이 없으면 계란을 가져가 아궁이 귀신에게 빌고 넣어두었다가 꺼내어 부화시킨다. 남쪽 지방 사람들은 계란에 먹을 묻혀 불에 구워 익힌 뒤 누런 정도를 보고 길흉(吉凶)을 점친다. 닭뼈로 풍흉(豊凶)을 점치기도 한다.

바람을 부르는 법 呼風法

오유일(五酉日)[139]에 흰 닭의 왼쪽 날개를 태운 재를 날리면 바람이 즉시 불어오고, 검은 개의 가죽과 털을 태운 재를 날리면 바람이 즉시 그친다.

은을 금으로 바꾸는 법 銀變金法

계란 흰자를 삶아 은과 함께 입에 넣고 있으면 잠깐 사이에 금빛이 된다.

형체를 숨기는 방법 隱形法

8월 그믐날 한밤중에 북쪽을 향한 채 검은 닭의 달걀 한 알을 삼키면 유사시에 형체를 숨길 수 있다. 통초(通草)[140]와 계수나무를 개의 쓸개와 섞어 환을 만들어 복용하거나 소의 쓸개를 계수나무에 바르면 사람의 형체를 변하게 할 수 있다.

호랑이피와 닭피를 섞고 생초(生草)[141]를 넣으면 형체를 바꿀 수 있다.

139_ 한 해가 시작된 뒤 다섯 번째 맞는 유일(酉日).
140_ 말린 등칡의 줄기. 열을 내리고 오줌을 잘 누게 하며 혈압 강화 작용을 한다.
141_ 마르지 않은 싱싱한 풀.

머리때와 머릿기름을 벗겨내는 법 解頭髮垢脂法

계란 흰자를 발랐다가 잠시 후에 씻어내면 광택이 나며 건조해
지지 않는다.

제비 사용법 ▪

명매기가 둥지를 크게 만들어서 명주 두 필을 담을 수 있을 정도
가 되면 그 집은 부자가 된다. 여우 가죽이 제비를 만나면 털이 빠
진다. 사물의 이치가 그렇게 만드는 것이다.

까치 사용법 ▪

암까치와 수까치 각 한 마리의 뇌를 길에서 태워 병인일(丙寅日)
에 술에 넣어 마시면 상사병에 걸리게 된다. 미약(媚藥) 만드는 재
료로 쓰는 경우도 있다. 암수를 구별하는 방법은 다음과 같다. 왼
쪽 날개가 오른쪽 날개를 덮고 있으면 수컷이고, 오른쪽 날개가 왼
쪽 날개를 덮고 있으면 암컷이다. 또 털을 태워 가루로 만들어서
물에 넣었을 때 가라앉으면 암컷이고, 뜨면 수컷이다. 둥지를 태운
재를 문 안에 뿌리면 도둑을 물리칠 수 있다. 설날 아침에 반드시
뿌려야 한다.

매 고르는 법 相鷹法

2주가 지나면 새매〔鷂〕가 되고, 3년이 지나면 창응(蒼鷹)이 된다. 암컷은 몸집이 크고, 수컷은 작다. 굴에서 태어난 놈은 잠자는 것을 좋아하고, 나무에 둥지를 지은 놈은 항상 서 있으며, 두 정강이가 긴 놈은 날아오르는 것이 느리고, 육핵(六翮)[142]이 짧은 놈은 빨리 난다.

부엉이 쫓는 법 逐鵂法

10간(干)의 명칭을 쓰고, 12지(支)의 명칭을 쓰고, 12월(月)의 명칭을 쓰고, 12세(歲)의 명칭을 쓰고, 28수(宿)의 명칭을 써서 그것을 부엉이의 둥지에 걸어두면 가버린다. 올빼미가 울 때는 기왓장을 던지면 그친다.

효도하는 아내 만드는 법 ▪

개의 간을 흙과 섞어 반죽으로 만들어 부뚜막에 바르면, 아내와 첩이 효도하고 순종하게 된다.

| 142_ 날개를 움직일 수 있는 여섯 곳의 힘줄.

양 삶는 법烹羊法

살구씨 혹은 기와 조각과 삶으면 쉽게 부드러워지고, 호두와 삶
으면 노린내가 나지 않는다.

놋그릇에 삶으면 남자는 양기를 상하게 되고, 여자는 하혈을 하
게 된다. 양의 정강이뼈를 태운 재로는 거울을 닦을 수 있고, 머리
뼈를 태운 재로는 철을 녹일 수 있다.

머리 기르는 법長髮法

양의 똥을 붕어 뱃속에 넣어 질그릇에 넣고 밀봉하여 태운 다음
그 재를 머리카락에 바르면 머리카락이 잘 자라고 검어진다. 기러
기 기름과 섞어 발라도 좋다. 쌀뜨물을 발효시켜 그것으로 자주 머
리를 감아도 역시 좋다.

소의 쓸개 사용법牛膽

소의 쓸개를 뜨거운 솥에 바르면 솥이 울고, 개구리가 소의 쓸개
를 만나면 울지 않는다.

강사 礓砂

초석(硝石)의 한 종류이니, 소금물이 응결된 것으로 소금덩어리와 같다. 희고 깨끗한 것이 좋다. 검은 두레박에 담아 불 위에 매달아놓으면 항상 건조한 상태로 있게 된다. 마른 생강과 함께 보관해두기도 한다. 만약 냉기가 있는 곳에 가까이 두거나 습기를 머금게 되면 즉시 물로 변하거나 녹아 없어진다. 쇠를 땜질하는 데 쓸 수 있고, 오금(五金)과 팔석(八石)[143]을 부드럽게 만드는 데 쓸 수도 있다. 금이나 은에 불순물이 있을 때 강사를 솥에 넣으면 불순물이 모두 녹아버린다. 계란 흰자에 금화연지(金花臙脂)[144]와 강사 약간을 넣고 종이로 싼 다음 닭에게 품게 하였다가 꺼내어 즙을 내어서는 얼굴에 발랐다가 씻어내면 반년이 지나도 붉은색이 사라지지 않는다.

오금을 부드럽게 하는 법 柔五金法

낙타 기름이나 고슴도치 기름을 쇠그릇에 달구고 수은을 조금 넣으면 납처럼 부드러워진다. 자석(磁石)[145]도 금속을 녹이고 초석

143_도가(道家)에서 연단(煉丹)할 때 쓰는 여덟 가지 광석. 주사(朱砂), 웅황(雄黃), 운모(雲母), 공청(空靑), 유황(硫黃), 융염(戎鹽), 초석(硝石), 자황(雌黃)을 가리킨다.
144_중국의 연지 이름으로, 품질이 좋기로 유명하다.
145_자철석(磁鐵石). 산화철로 이루어진 산화 광물. 검은색을 띠며 금속광택이 있고 광물 가운데 자성(磁性)이 가장 강하다.

(硝石)도 그러하다.

타락죽 만드는 법 酥酪法

우유 반 구기[枸]를 노구솥에 볶고, 남은 우유를 넣어 수십 번 끓인다. 항상 구기로 이리저리 저어야 한다. 그다음 항아리에 가득 부어 식기를 기다렸다가 피막을 걷어내면 연유[酥]가 된다. 오래 된 연유 약간을 넣고 종이에 싸서 걸러내면 유즙[酪]이 된다. 또 다른 방법은 다음과 같다. 연유의 피막을 두 번 기름에 볶아 찌꺼 기를 제거하고 노구솥에 넣으면 연유가 된다. 연유의 정액이 제호 (醍醐)[146]가 되는데, 성질이 미끄러워 어디에 담아도 새어 나가니, 계란 껍질과 호리병에 담아야만 새지 않는다.

범 쫓는 법 辟虎法

범은 개를 먹으면 취하게 되니, 개는 범의 술이나 마찬가지이다. 범은 양각연(羊角烟)[147] 냄새를 맡으면 달아난다. 개고기를 먹고 산 에 들어가면 범이 보고서 두려워한다. 위골(威骨)[148]은 을(乙) 자

146_ 우유에 갈분을 타서 미음같이 쑨 죽.
147_ 양각은 양의 뿔로, 한방에서 풍병을 다스려 열을 푸는 약재로 쓴다. 이것을 태운 재 를 말한다.
148_ 호랑이의 가슴 양쪽에 있는 '을(乙)' 자 모양의 뼈.

모양인데 길이는 한 치이다. 갈빗대 양쪽에 있고 꼬리 끝에도 있다. 이것을 지니고 있으면 사람이 위엄 있게 된다. 관직에 있을 때 지니고 있으면 좋지만, 관직이 없을 때 지니고 있으면 사람들의 미움을 받는다.

곰 잡는 법 捕熊法

곰은 소금을 싫어하여 먹으면 죽는다. 더러운 것을 싫어하므로 곰이 다쳤을 때 사냥꾼이 이런 것을 굴에 넣으면 곰이 굴을 닫고 저절로 죽는다. 가시나무에 찔리면 발톱으로 긁다가 뼈에까지 닿아 죽기도 한다.

사향 채취하는 법 采射香法

사향노루는 노루와 비슷하지만 작고 검은색이다. 항상 잣나무 잎을 먹고 또 뱀을 먹기도 한다. 사향은 음경 앞 가죽 안에 있는데 따로 얇은 주머니로 싸여 있다. 5월에 사향을 채취하면 종종 뱀의 껍질이나 뼈가 들어 있다. 지금 사람들이 뱀의 허물로 향을 싸면 더욱 향기롭다고 하는데, 이것이 그렇게 만드는 것이다. 여름에 뱀이나 벌레를 많이 먹으면 겨울이 되어 향이 가득 차게 된다. 봄이 되면 갑자기 뱃속이 아파 자기 발톱으로 배를 갈라 (사향을) 꺼내어 똥오줌 속에 넣고 덮어둔다. 항상 한곳에 놓아두고 옮기지 않으

므로 사람들이 주워 가기도 하고, 이것을 보고 잡기도 한다. 사향
노루는 배꼽을 매우 아껴서 사람에게 급히 쫓기면 바위에서 뛰어
내리며 발톱으로 사향을 갈라 찢는다. 올가미에 걸려 죽을 때에도
여전히 네 다리를 모아 배꼽을 보호하고 있다. 장사꾼들은 사향에
다른 물건을 섞고 사향주머니에 담는 방법으로 서너 개씩 만들어
낸다.

고양이 고르는 법 相猫法

꼬리는 길고 허리는 짧으며 눈은 금빛 은빛이 나고 윗이빨에 모
가 많은 놈이 좋다. (고양이의) 눈동자를 보면 시간을 알 수 있다.
코끝은 항상 차가운데 하짓날 하루만 따뜻하다. 추위는 싫어하나
더위는 싫어하지 않는다. 영역을 정해놓고 먹을 것을 찾는데, 상순
인지 하순인지에 따라 쥐의 머리를 물기도 하고 꼬리를 물기도 한
다. 이러한 성질은 모두 호랑이와 같으니, 음류(陰類)가 서로 부합
하는 것이 이와 같다.

속설에 따르면 고양이는 수컷이 없고, 그저 대나무 빗자루로 등
을 몇 번 쓸어주면 새끼를 밴다고 한다. 또는 아궁이 앞에서 말박
[斗]¹⁴⁹으로 고양이를 덮고, 빗자루 끝으로 말박을 때리며 아궁이
신에게 빌면 새끼를 밴다고 한다. 이것은 달걀을 아궁이에 넣고

| 149_ 말 대신으로 곡식을 되는 바가지.

빌어서 부화시키는 것과 같다. 병에 걸리면 오약수(烏藥水)를 붓는다.

죽은 고양이는 대나무를 끌어들이고 박하(薄荷)는 고양이를 취하게 하니, 사물이 서로 감응하기 때문이다. 중국 사람들은 종종 꼬리 끝을 잘라내는데, 그렇게 하면 쥐를 잘 잡는다고 한다.

바람과 조수를 예측하는 법 知風潮法

바다소, 해달, 강치 등의 가죽은 육지에 있더라도 바람과 조수를 미리 알고 털을 세운다. 연적(硯滴)도 마찬가지이다.

쥐약 만드는 법 毒鼠法

쥐가 낭독(狼毒: 한라투구꽃), 비상 따위를 먹으면 즉사한다. 여우 눈으로 쥐구멍을 막거나 연줄기로 쥐구멍을 막아도 잡을 수 있다.

족제비 잡는 법 捕黃鼠法

족제비는 가을과 겨울에 열매를 모아 겨울을 나는데, 각각 작은 움집을 만들어 따로 저장해둔다. 시골 사람들은 구멍에 물을 부어서 잡는다.

〈낭독(狼毒)〉, 《삼재도회》. 한라투구꽃의 뿌리를 말린 것. 맹독이 있다.

말 염병 피하는 법辟馬瘟法

마구간에 어미 원숭이를 키운다. 원숭이가 달마다 월경을 하여 건초 위에 흘린 것을 말이 먹으면 병에 걸리지 않는다. 검은 이리 꼬리를 구유 아래에 두면 말이 놀라지 않는다.

오랑우탄의 피를 채취하는 법捕猩猩取血法

오랑우탄의 모습은 원숭이와 같고 털은 길며 머리와 얼굴은 각

〈성성(猩猩)〉, 《삼재도회》.
성성은 《산해경(山海經)》에 나오는
상상의 동물이다. 일설에 따르면
오랑우탄이라고 한다.

지고 아이 울음 같은 소리를 내는데, 개 짖는 소리를 내기도 한다. 무리를 지어 기어 다닌다. 시골 사람이 술과 짚신을 길가에 놓아두면 오랑우탄이 보고서 그 사람의 조상의 성명을 들먹이며 욕하고 간다. 잠시 후 오랑우탄이 돌아와 서로 술을 마시고 신을 신어보는 동안 덫을 놓아 잡은 뒤 우리에 넣어 기른다. 삶아 먹으려고 하면 살진 놈을 뽑아서 울면서 보내준다. 서쪽 오랑캐는 그 피를 가지고 양탄자를 물들이는데, 시커멓게 되지 않는다. 찔러서 피를 뽑는데, 반드시 채찍질을 하면서 그 숫자를 세고, 피가 한 말이 되어야 멈춘다.

원숭이 길들이는 법 馴猴法

성질이 조급하고 가축을 해치는 놈이 있으면 말뚝 위에 올려놓고 채찍으로 때린다. 열흘에서 한 달쯤 지나면 길들여진다.

코끼리 잡는 법 捕象法

남쪽 지방 사람들은 흔히 덫을 놓거나 함정을 파고 빠뜨려서 잡는다. 암컷 코끼리를 미끼로 유혹해서 잡기도 한다. 먹을 것을 주어 친숙해지면 오랜 뒤에는 점점 사람 말을 알아듣게 된다. 코끼리 조련사를 시켜 기르게 하는데, 갈고리로 제압한다. 온몸에 다른 동물과 닮은 열두 군데의 근육이 있다. 아침에 갈고리질을 해서 상처가 났다가도 별을 보면 아문다. 가죽으로는 갑옷을 만들거나 북에 씌울 수 있고, 상아로는 홀(笏)을 만들거나 침상을 장식할 수 있다. (코끼리는) 이빨이 빠지면 땅에 묻어놓는데, (사람이) 나무로 만든 상아로 몰래 바꾸어놓는다. 코끼리의 쓸개는 봄에는 왼쪽 앞다리에, 여름에는 오른쪽 앞다리에, 가을에는 왼쪽 뒷다리에, 겨울에는 오른쪽 뒷다리에 있다. 온몸에 긴 털이 없는데, 지금 이른바 코끼리털이라고 하는 것은 모상(牦象)의 꼬리털이다. 코끼리의 꼬리는 매우 길어서 큰 것은 말박만 하다. 또 풀과 나무를 아끼고 보호해서 갈고리질을 해도 움직이지 않는다. 사람들이 코끼리의 꼬리를 가져다가 꼭두서니로 물들여서 깃발이나 갓끈으로 쓴다.

무소 잡는 법 捕犀法

물에 사는 소가 있는데 음악 듣기를 좋아한다. 그곳〔산동(山東)〕
사람이 음악을 연주하면 소가 뭍으로 나와서 듣는데, 이때 몰래 잡
는다.

가짜 무소뿔을 가려내는 법 辨犀角眞僞法者

서번(西番), 남번(南番), 진남(滇南), 교주(交州) 등 여러 곳에는
산서(山犀), 수서(水犀), 시서(兕犀) 세 종류의 무소가 있다. 또 모
서(毛犀)가 있는데 비슷하다. 산서는 숲에 사는데 사람들이 많이
잡는다. 수서는 물속을 드나들기 때문에 잡기가 어렵다. 모두 뿔이
두 개 있는데 코에 난 뿔은 길고 이마에 난 뿔은 짧다. 수서의 가죽
에는 주갑(珠甲)이 있으나, 산서는 없다. 시서는 무소의 암컷인데
사서(沙犀)라고도 한다. 정수리에만 뿔이 하나 있다. 무늬는 가늘
고 매끄러우며 얼룩이 분명하다. 약으로 쓰지 않는다. 대개 수소의
뿔은 무늬가 크고 암소의 뿔은 무늬가 가늘다. 홍무(洪武) 초년에
구진(九眞)[150]에서 독각서(獨角犀)라는 무소를 바쳤는데, 아마도 이
것인 듯하다.

무늬가 물고기 모양인 것을 속문(粟紋)이라 하고, 무늬 가운데

150_중국 남방 교지(交趾) 근처 남월(南越) 지역을 가리킨다.

에 눈이 있는 것을 속안(粟眼)이라 하며, 검은색 가운데 누런 꽃무
늬가 있는 것을 정투(正透)라 하고, 누런색 가운데 검은 꽃무늬가
있는 것을 도투(倒透)라 한다. 꽃무늬 속에 다시 꽃무늬가 있는 것
을 중투(重透)라 한다. 이들을 모두 통서(通犀)라 하니, 상품(上品)
에 해당한다. 꽃무늬가 초두(椒豆) 무늬 같은 것은 그다음이다. 온
통 까맣고 꽃무늬가 없는 것은 하품(下品)에 해당한다.

〔죽우(竹牛)는〕뿔이 매우 길고 황색과 흑색이 섞여 있으며 속문
이 없다. 그 무늬는 대나무 비슷하다. 그저 활을 만드는 데만 쓸 수
있는데, 매우 튼튼한 활을 만들 수 있다. 그곳〔서하(西夏)〕사람들
이 그것으로 가짜 무소뿔을 만든다.

웅담 채취하는 법采熊膽法

봄에는 머리 가까이에 있고, 여름에는 배에 있으며, 가을에는 왼
발에 있고, 겨울에는 오른발에 있다.

월수[151] 月水

부남국(扶南國: 캄보디아)에는 신기한 기술이 있어서, 칼로 찔러
도 칼날이 들어가지 않게 할 수 있다. 그러나 월수(月水)를 바른

151_월경으로 나오는 피.

칼을 맞으면 바로 죽게 된다. 이 더러운 액체는 사람의 진기(眞氣)를 손상하므로 약으로 쓸 수는 있지만 닿는 것은 피해야 한다.

과일나무 위의 까마귀 쫓는 법 辟果樹上烏鳥法

살아 있는 사람의 머리카락을 나무 위에 매달아놓으면 까마귀가 오지 못한다.

향비로[152] 만드는 법 香飛露法

침향(沈香), 백단(白檀), 정향(丁香), 영릉(零陵), 삼내자(三乃子) 각 한 냥, 그리고 소뇌(小腦) 서 돈, 사향(射香) 한 돈을 준비한다. 이상의 재료를 가루로 만든다. 조각(皂角)[153] 가루 닷 냥, 흑당(黑糖) 두 냥을 녹여 향 가루와 섞고, 알약으로 만들어 씻는다.

청원향[154] 淸遠香

침속(沈束) 두 냥, 백단(白檀) 한 냥, 정향(丁香), 삼내자(三乃子), 예납향(艾蒳香), 황연흑향(黃烟黑香), 남당(欖糖), 소합유(蘇合

152_ 향비조(香飛皂)라고도 하며, 세안용으로 사용한다.
153_ 조협(皂莢).
154_ 취선향(聚仙香). 향의 하나. 침향(沈香), 단향(檀香), 소합향(蘇合香) 따위를 섞어 만든다.

油),[155] 안식향(安息香),[156] 봉밀(蜂蜜), 염초(焰硝) 각 닷 돈, 용뇌(龍腦), 사향(射香) 각 한 돈, 백급(白芨) 석 냥을 준비한다. 위의 일곱 가지 재료[157]를 가루로 만들어 두 봉지로 나눈다. 냄비를 불 위에 놓고 남당·소합유·안식향·봉밀 네 가지를 넣어 녹이는데, 조금 따뜻해지면 향 한 봉지와 용뇌·사향·염초를 넣어 잘 섞이도록 젓는다. 다른 한 봉지의 말린 가루를 손에 묻혀 대통 속에 바르고 그늘에서 말려 태운다. 이것은 중국에서 전해오는 방법이다.

푸른 기와 만드는 법 造綠甎法

마아석(馬牙石) ─버석차돌─ 100냥을 불로 빨갛게 달구었다가 꺼내고 그늘진 곳에 사흘 동안 두어 폭발하는 성질을 없앤다. 돌절구에 쇠절굿공이로 찧어 부수고 체로 걸러내어 손으로 물에 깨끗이 씻어 말리면 가루가 된다.─ 지금의 석회인 듯하다. ─

상등연(上等鉛: 품질이 좋은 납) 25냥을 무쇠로 만든 번철(燔鐵)[158]에 볶아서 돌절구에 넣고 쇠절굿공이로 찧어 잘게 부순다. 다

155_소합향에서 나오는 기름. 소합향은 조록나뭇과의 낙엽 활엽 교목으로, 높이는 10미터 정도이며, 잎은 손바닥 모양이고 세 갈래에서 일곱 갈래로 갈라지며 잎자루가 길다.

156_안식향나무의 나무껍질에서 나는 진액. 훈향료(薰香料), 방부제, 소독제 따위로 쓴다.

157_위에 언급한 14가지 재료 가운데 뒤에서 다시 언급하는 재료를 제외한 침속, 백단, 정향, 삼내자, 예남향, 황연흑향, 백급을 가리키는 듯하다.

158_전을 부치거나 고기 따위를 볶을 때에 쓰는, 솥뚜껑처럼 생긴 무쇠 그릇.

시 번철에 넣어 볶고, 다시 돌절구에 넣고 잘게 부순다. 이렇게 대여섯 번 하면 바스라져 고운 가루가 된다.

상등석록(上等石綠 : 품질이 좋은 석록) 25냥을 돌절구에 넣어 잘게 부수고 체로 걸러내어 물에 깨끗이 씻는다. 번철에 넣어 끓이고, 끓어오르면 거품을 제거한다. 두세 번 끓이면 반죽이 된다. 마아석 가루를 한쪽에 놓고 다시 납 가루를 한쪽에 놓는다. 세 가지를 한 곳에 섞고 불에 녹여 밀즙(蜜汁)과 같은 상태가 되면 완성된 것이다. 그 방법은 아래에 있다.

서산(西山)에 있는 청토(靑土)를 잘게 부수고 체로 걸러 고운 가루를 내어 기왓장을 만든다. 약한 햇볕에 말리고 무쇠에 얹어서 가마에 넣고 굽는다. 흰 연기가 나오는 것이 보이고 나서 푸른 연기가 나올 때 가마를 닫는다. 4, 5일 뒤에 가마가 식은 다음 열고 꺼내면 완성된다.―지금의 청도토(靑陶土)인 듯하다.―

납을 가루로 만든 뒤 다시 불에 녹여 물처럼 만든다. 마아석 가루를 한쪽에 놓고 볶아서 말린다. 커다란 사기항아리〔大沙罐〕에 넣고 석탄을 사용하여 풀무질을 하는데, 사기항아리의 아랫부분이 불 속에 있도록 하고 사기 뚜껑으로 덮어 센 불에 풀무질을 하면 습과 같은 상태가 된다. 그다음에 석록 가루를 넣고 볶으면서 쇠막대로 젓는다. 불 상태를 보면서 볶는데 꿀과 같은 상태가 되면 유(銪)[159]가 된 것이다. ― 지금 은(銀) 세공가가 쓰는 패란(貝卵)이다. ―

159_유로퓸(europium), 희토류(稀土類) 금속 원소.

쇠구기로 건져내어 깨끗한 돌절구 속에 붓는다. 바람을 쐬면 굳어서 바로 덩어리가 된다. 유(鉐)를 사용할 때에는 두드려 부수고 갈아서 체로 걸러 고운 가루로 만든다. 손으로 일어 흰 덩어리를 제거한다. 물로 서너 번 깨끗이 씻어내고 기왓장 위에 바른다. 양지에 말리고 가마에 넣어 굽는다. 흰 연기가 나온 뒤에 푸른 연기가 나오는 것이 보이면 가마를 닫는다. 4, 5일이 지나 가마가 식으면 꺼낸다.—‘(啗)’은 뜨거울 때 재빨리 떠내는 모양이다.

기왓장을 만드는 또 다른 방법은 다음과 같다. 청토를 잘게 부수어 체로 걸러내고 전지(甎池)에 넣는다. 물을 부어 넣고, 하루 이틀 지나서 부어 넣은 물이 빠지고 반죽이 되면 그것으로 기왓장을 만든다. 양지에 말려 위의 방법과 같이 유(鉐)를 바른다.

청토 중에 활석(滑石)과 같으나 색깔이 청흑색인 것이 산 위에 있는데, 일명 건자토(乾滋土)라 한다. 주사토(朱砂土) 역시 좋다.

또 다른 방법은 다음과 같다. 건자토를 잘게 부수고 사라(紗羅)[160]로 만든 체로 걸러내어 보관한다. 만약 돌을 염색하여 구워내면 흰 돌과 비슷하게 된다. 상품(上品)의 동록(銅綠)[161]을 잘게 부수고 명주실로 만든 체로 깨끗이 걸러내어 보관한다.

건자토를 깨끗한 물과 섞는다. 이미 만들어진 기와의 치수를 재어 와식(瓦式)을 만든다. 사흘 동안 말린 뒤 기왓장이 바싹 마르면 가마에 넣는다. 만약 사흘이 지나도 마르지 않으면 다시 진흙 상태

160_길. 명주실로 바탕을 조금 거칠게 짠 비단.
161_구리의 표면에 녹이 슬어 생기는 푸른빛의 물질.

의 기와를 사흘 동안 말린다. 가마 안에 넣고 섶단을 때어 하루 밤낮 동안 굽는다. 불을 멈추고 가마 안이 식기를 기다렸다가 꺼낸다. 구워낸 기왓장을 모래와 자갈로 손질한다. 먼저 체로 깨끗이 걸러낸 동록(銅綠)을 오동나무 기름과 섞어 한쪽에 두고, 방아〔碓子〕를 사용하여 한 덩어리로 만든다. 다시 오동나무 기름을 골고루 섞어 기와 위에 바른다. 가마 안에 넣고 섶단을 때어 다시 하루 밤낮 동안 굽는다. 가마 안이 식기를 기다렸다가 가마를 열고 꺼내면 푸른 기와가 완성된다.

벽돌 만드는 법 造甎法

모래가 없는 가늘고 고운 흙에 물을 섞어 전지에 넣는다. 나무판자〔木盖子〕를 사용하여 땅에 대고 누르면 물이 아래로 빠져나가면서 반죽이 만들어진다. 그다음 위에 목판을 깔고, 먼저 가는 모래를 약간 뿌린다. 대나무 그릇을 놓고 진흙을 넣어 평평하고 고르게 한다. 흙손으로 다듬어 반듯하게 만들고, 또 고운 모래를 윗면과 동서남북에 약간 뿌린 뒤에 햇볕에 말린다.

전지를 만든다. 그 방법은 다음과 같다. 집 한 칸의 4분의 1 정도 되는 땅을 파는데, 깊이는 네댓 치 정도로 한다. 사방 모서리를 각 지게 만들어 벽돌을 아래에 깔고 사방에 두른다.

목판을 만든다. 그 방법은 다음과 같다. 우리나라의 나무 솥뚜껑과 같은데, 네모난 모양이다. 크기는 전지에 맞춰 만든다. 위에는

〈니조전배(泥造磚坯)〉, 《천공개물》. 진흙을 네모난 나무 틀에 넣고 위에 판자를 깔고 두 사람이
밟아 다져서 벽돌 모양으로 만든다.

〈전와제수전유요(磚瓦濟水轉釉窯)〉, 《천공개물》. 땔나무를 연료로 사용하여 가마에서 벽돌을 구 워낸다.

손잡이가 있어 사용하기에 편리하다.

가마를 만든다. 그 방법은 다음과 같다. 언덕에 의지하여 가마를 만들고 주위를 빙 둘러 벽돌을 쌓는다. 아래는 넓고 위는 좁게 하며, 밖에는 두껍게 흙을 덮어 매우 튼튼하게 하고 운문(雲門)을 만든다. 가마 내부의 3분의 2 정도까지 갱(坑)을 쌓는데, 높이는 바늘자〔針尺〕 정도 되게 한다. 남은 3분의 1은 섶을 태운 재를 받는 곳으로 삼는다. 가마 위에는 또 작은 문을 만드는데, 평소에는 꽉 닫아두었다가 굽기를 마치면 열어서 이 문으로 벽돌을 꺼내어 쓴다.

벽돌을 쌓아 벽돌을 굽는다. 그 방법은 다음과 같다. 건조시킨 벽돌을 갱 위에 놓는다. 아래에는 세워서 쌓고 위에는 옆으로 쌓는다. 세 조각을 붙여놓기도 하고 두 조각을 붙여놓기도 한다. 쌓기를 마치면 그 위에 흙을 덮는데, 두께는 두 치 정도 되게 한다. 구울 때에는 운문 안에 또 작은 문을 하나 만들어 네 개의 구멍을 낸다. 윗구멍에서 불을 때면 재는 저절로 아래의 두 구멍 사이에서 나오게 된다. 가운데 두 개의 작은 구멍은 바람이 통하는 길로 삼는다. 바람이 많으면 닫는다. 낮부터 밤까지 멈추지 말고 연기가 날 때까지 섶을 태운다. 흰 연기가 나온 뒤에 푸른 연기가 나오면 불을 빼고 바로 연문(烟門)을 막는다. 가마 밖을 두루 살펴보고 만약 연기가 새어 나오는 곳이 있으면 진흙으로 연기가 나오는 곳마다 연기구멍을 막아서 바람이 들어오지 않도록 한다. 벽돌이 골고루 구워지지 않는 것은 모두 바람을 잘 막지 않았기 때문이다. 불을 뺀 지 이틀 뒤에 그 위에서 물을 붓는데, 벽돌 1천 장당 20통의 물을 붓는다. 10여 일이 지난 뒤 토문(土門)을 들어 올리고 벽돌을 꺼낸다. 연통은 두세 개를 설치하는데, 아래에서부터 가마 위까지 곧바로 통하게 한다.

땔감은 차조짚〔秫稭〕이 가장 좋고, 섶단이 그다음이라고 한다.

내가 여러 번 북경에 가서 보니 모두 이 방법과 같았으나 넓은 들에 섶이 없어 우선 교초(郊草)[162]로 노적가리를 만들어두었다가 나중에 이것을 태우니, 역시 이 방법을 사용한 것이다. 이추(李樞)가 우리나라에 표류해 온 중국인들을 데리고 북경에 갔을 때[163] 마침 벽돌 굽는 것을 보게 되었다. 그래서 벽돌 굽는 장인에게 배워 온 것이다.

푸른 기와를 굽는 데 필요한 오동나무 기름을 하남(河南) 사람 만씨(萬氏) 성을 가진 사람이 조운선(漕運船)에 싣고 통주〔通州: 선천(宣川)〕에 왔다. 그는 이렇게 말하였다.

"우리는 오동나무 기름과 석회를 섞어 배의 틈새를 수선하고, 포대를 사용하지 않은 채 쌀을 보관합니다. 이 오동나무 열매의 크기는 산앵두씨만 합니다. 예전에 표류하여 당신 나라의 외고려(外高麗)에 가보았는데, 오동나무 열매가 가득했다고 합니다. 9월 보름쯤 통주에 도착하여 정박했다가 23일 무렵 배를 띄워 돌아갈 것

162_ 서울 부근의 들판에서 나는 땔감.
163_ 《영조실록(英祖實錄)》 1727년 6월 13일 기사에 보인다.

입니다. 이때 중국에 책력(冊曆)을 받으러 가는 행차에 자금정(紫金丁: 환약명)을 보내신다면 우리는 오동 열매와 화기(畵器) 굽는 법을 글로 써서 사례하겠습니다."

또 이렇게 말하였다.

"화기에 그림을 그리는 재료는 회회청(回回靑)이 아니라 다른 것입니다. 회회청은 진귀한 물건이니 어찌 여기저기 궁벽하고 가난한 집마다 있겠습니까? 사기그릇을 만들 때 흙으로 모양을 만들어 말린 뒤에 동록이나 은실로 가늘게 선을 그리고 푸른색으로 메워 잿물을 붓습니다."

우리나라의 사기소(砂器所)에서는 간혹 회회청으로 그려서 구워내는데, 모두 흐릿하여 분명하지 않으니, 만씨의 말이 믿을 만한 것 같다. 이추는 이렇게 말하였다.

"중국인들은 제주(濟州)를 외고려라고 한다. 유구국(琉球國) 사람들이 표류해 온 우리나라 사람을 보면 반드시 어디서 왔는지 물어보는데, 조선에 산다고 하면 옷과 음식을 주어 호송하지만 제주에 산다고 하면 그 자리에서 죽인다. 예전에 원수진 일이 있기 때문이다."

도금하는 법 鍍金法

우선 금 조각을 두드려 얇게 만들고, 얇은 조각을 적당히 자른다. 그다음 도기 조각에다 붉은 흙으로 반죽을 만들어 그 위에 바른다. 틀을 만들어 사방을 둘러싼 뒤 금 조각을 깔아놓고 다시 주토(朱土)를 깐다. 또 이렇게 두세 겹으로 깐 뒤에 주토를 깔아서 마치 시루떡 모양처럼 만든다. 아궁이에 숯을 피워 도기 조각을 올려놓는다. 또 그 위에 숯불을 올려놓고 부채로 부쳐서 화력을 강하게 하여, 흙덩이가 온통 붉어지면 금 조각을 꺼낸다. 여기에 수은을 첨가하여 도가니에 넣고 다시 불을 때어 금이 녹기를 기다린 뒤에 두꺼운 종이를 접어서 승려가 쓰는 고깔[布弁] 모양을 만든다. 그 안에 금과 수은을 부으면, 수은이 새어 나간다. 남은 금 가루를 사기그릇에 부으면 분처럼 부드럽고 희다. 다시 소금을 사용하여 도금할 은그릇을 문지르고 오미자즙에 담가둔다. 버드나무로 만든 총채 모양의 작은 솔로 금가루를 묻혀 은그릇에 바르고 다시 구워서 꺼내면 금빛으로 도금된다. 개 어금니로 갈아서 광택을 내고, 또 철사로 말빗 모양을 만들어 우선 쓸어낸 다음 도금한다고 한다.

패란 만드는 법 貝卵法

그릇 안에서 유(鍮)를 부수고 갈아서 가루로 만든다. 쇠로 만든 총채로 떠내어 적당한 곳에 놓고 구워내면 금색이 된다. 녹색(綠色)을 내려면 석록(石綠)을, 벽색(碧色)을 내려면 이청(二靑)과 삼청(三靑)을, 홍색(紅色)을 내려면 주사(朱砂)를, 황색(黃色)을 내려면 자황(雌黃)을 적당히 섞어 넣으면 유약이 된다. 주홍(朱紅), 동황(銅黃), 삼록(三綠)과 같이 가공하여 만든 것을 구우면 기가 흩어져서 원래의 색을 잃게 된다.

내가 예전에 들으니, 자기(磁器)와 지석(誌石)을 구워 만들 때 회회청을 구하기 어려워 먹이나 주홍으로 글씨를 써서 구워내면 모두 원래의 색을 잃어버린다고 한다. 다만 석간주(石澗朱)[164]는 광석 종류이기 때문에 조금 색깔이 있다. 예컨대 홍소주(紅燒酒)[165]를 환소주(還燒酒)[166]로 만들면 흰색이 되니, 그 이치를 알 수 있다.〔유(鍮)를 만드는 방법은 위의 푸른 기와 만드는 법에 보인다.〕 지금 은세공하는 장인들이 시장에서 파는, 구워서 만든 가짜 진주를 녹여서 즙을 만들고 도금하여 구워내면 다양한 색깔을 만들 수 있다.

안경 만드는 법 造眼鏡法

보국징화상(報國澄和尙)이 2년 동안 눈병을 앓았는데, 거풍약(祛風藥)[167]과 청열약(淸熱藥)[168]을 너무 많이 복용한 나머지 귀가 먹어서 소리를 들어도 윙윙거릴 뿐이었다. 그리고 대변을 볼 때는 항상 조결(燥結)[169]로 고생하였다. 근래에는 오른쪽 눈 위에 백태가

164_ 산화철이 많이 들어 있어 빛이 붉은 흙. 산수화나 도자기의 안료로 많이 쓴다.
165_ 홍곡을 우려 붉은 빛깔을 낸 소주.
166_ 소주를 다시 곤 소주. 막소주보다 알코올 함량이 높다.
167_ 풍병(風病)을 치료하는 약.
168_ 열을 내리는 약.
169_ 대변이 굳어서 잘 나오지 않는 증상.

끼어서 등불이 말박(斗)처럼 보이고 달빛이 반딧불처럼 보였다. 한번은 여러 방술가들에게 물어보았으나 모두가 알지 못하였다. 그리하여 석완(石頑)[170]에게 물어보았다. 석완이 말하기를,

"이것은 신수(腎水)[171]가 부족하여 음화(陰火)[172]가 강해졌기 때문이다. 격물(格物)의 이치로 따져보면 이렇다. 사람들은 서양의 유리안경이 그저 노인이 쓰기에 적당하다는 것만 알지 본래 멀리 보려는 사람을 위해 만든 줄은 모른다. 가장 정교한 것은 모두 12개의 안경을 12지(支)로 편성하여 한 벌로 만들어놓은 것인데, 늙은이나 젊은이를 막론하고 그중에 반드시 한 가지 맞는 것이 있어서 아주 작은 것이라도 볼 수 있다. 그러니 사람의 눈에는 12가지 성질이 있음을 알 수 있다. 그런 까닭에 안경을 만드는 사람도 12가지 연(鉛)과 요(料)를 배합하여 연으로는 음정(陰精)을 북돋고, 요로는 양기(陽氣)를 북돋는다. 젊은이는 본래 기혈이 왕성하니 애당초 이것에 의지하지 않아도 된다. 만약 연과 요의 경중(輕重)이 눈의 성질과 맞지 않는데 안경을 쓰면 도리어 장애가 된다. 노인은 기혈이 모두 쇠약하므로 단지 이 안경의 힘을 빌려서 빛을 가두어두고 흩어지지 않게 할 뿐, 연과 요 가운데 어떤 것이 많고 어떤 것이 적은지 따질 필요가 없다. 앞서 달빛이 매우 작게 보인다 하였

170_ 장로(張璐, 1617~1701?)를 가리킨다.
171_ 신장(腎臟)을 오행(五行)의 수(水)에 소속시켜 이르는 말.
172_ 간장과 비장의 화기(火氣).
173_ 다른 것이 섞이지 않은 순수한 물.

는데, 달이 지음(至陰)의 정수이므로 진수(眞水)¹⁷³가 안에서 말라버려 그 빛을 일렁이게 할 수 없기 때문에 매우 작게 보이는 것이다. 만약 연을 많이 넣는다면 달이 반드시 크게 보일 것이다. 그리고 등불이 매우 크게 보인다 하였는데, 등불이 본래 기름을 태워 나오는 불꽃이므로 음(陰)을 멋대로 흔들기 때문에 빛이 산란된 나머지 매우 크게 보이는 것이다. 만약 요를 더 넣는다면 등불이 반드시 더욱 크게 보일 것이다. 맥을 짚어보니, 평소 심장과 비장을 혹사한 나머지 화장(火臟: 심장)과 토장(土臟: 비장)이 지나치게 건조해지고, 아울러 신수(腎水)의 진음(眞陰)¹⁷⁴까지 손상하게 된 것이다."

그러고는 천왕보심단(天王補心丹)을 지어주었다. 그 밖에 중한(中翰) 서연(徐燕) 같은 이는 해를 보면 가린 것처럼 흐릿하고 등불을 보면 광채가 갑절로 보였으니, 이것은 평소에 항상 심장과 신장을 피로하게 하여 상성하허(上盛下虛)¹⁷⁵해진 결과였다. 상성하면 오지(五志)¹⁷⁶가 심포(心包)¹⁷⁷에 모여서 주인을 속이게 되니, 마치 권력을 가진 신하들이 정권을 잡고 임금의 혜안을 가리는 것과

174_ 신음(腎陰). 신장의 음기(陰氣).
175_ 상성(上盛)은 몸의 윗부분에 사기(邪氣)가 성한 것, 하허(下虛)는 몸 아랫도리 또는 하초(下焦)의 원기가 허약해진 증세를 말한다.
176_ 지나치면 병의 원인이 될 수 있는 다섯 가지 감정 상태. 기뻐하는 것, 성내는 것, 근심하는 것, 생각하는 것, 겁내는 것 따위이다.
177_ 심장의 외막(外膜). 기혈(氣血)이 지나는 통로인 낙맥(絡脈)이 연결되어 있으며, 심장을 보호하고 심장의 기능을 돕는 작용을 한다.
178_ 간(肝), 담(膽), 신(腎), 삼초(三焦)의 화(火)를 통틀어 이르는 말.

같다. 하허하면 상화(相火)[178]가 제 기능을 하지 못하여 밝게 살피는 명령을 담당하지 못하다가 등불을 보면 도움을 받게 되니, 이 때문에 평소보다 광채가 더한 것이다. 이것은 어린아이가 태한(胎寒)[179]을 앓아 밤에 울다가 불빛을 보면 울기를 그치는 이치와 다르지 않다. 안과를 전담하는 사람들이 이러한 이치를 아는지 모르겠다. ─명(明)나라 장로(張潞)의 《의통(醫通)》에 나온다.

인주 만드는 법 造印朱法

왜주홍(倭朱紅) 한 냥,─4, 5회 수비(水飛)하여 극도로 곱고 가늘게 만들어 갈무리해둔다.─피마자 기름 서 돈,─다른 기름이 섞이지 않은 진품을 쓴다. 기름을 얻는 방법은 다음과 같다. 피마자를 불에 볶은 뒤 눌러서 기름을 짜면 매우 무겁고 탁하며 찌꺼기가 많다. 반드시 뜨거운 불에 삶아야 까맣게 탄 찌꺼기가 떠오르면서 저절로 가볍고 맑아져 참기름처럼 된다.─이상의 두 가지 재료를 섞은 뒤 2, 3일 동안 흐르는 물에 수없이 문지른다.

당수로비(唐壽老萆) 일곱 푼─수로비는 당애(唐艾) 잎인데 너무 부드럽고 바스라져서 쓸 수가 없다. 반드시 맑은 물에 수십 번 씻어내는데, 씻어낸 뒤에는 바로 말리고, 말린 뒤에는 바로 씻어낸다. 씻어낼 때는 반드시 고운 체로 걸러야 한다. 그러면 저절로 종

179_태아 때에 찬 기운을 받아서 생기는 태증. 소화가 잘되지 않고 배가 더부룩하며 설사를 하고 자주 토한다.

이 만들 때와 같은 모양이 되는데, 아주 깨끗하고 희게 된 다음에 쓴다. 가위로 무수히 잘라 가늘게 썰어낸 것처럼 하면 가루가 될 것이다.

이것을 앞의 두 가지 재료와 섞는다. 흐르는 물에 수없이 씻은 뒤 작고 흰 사기그릇에 넣고 밀랍 바른 종이로 그릇 입구를 단단히 막는다. 또 사기 등잔 한 개로 그 위를 덮어 작은 먼지도 들어갈 틈이 없게 한 다음에, 몇 자 깊이로 땅을 파고 물이 없는 곳에 묻어둔다. 석 달이 지난 뒤 꺼내어 쓰면 품질이 매우 좋아서 종이에 찍어도 번지지 않고 색깔도 윤택할 것이다. 중국이나 일본에서 만든 것과 비교해보더라도 뒤지지 않는 품질이다.

원문

謏聞事說

1. 甋炕式

直堗式

定基地. 先築周墻－俗稱火防.－.其法, 先定安堗幾間, 以甋或石塊築周
墻, 高低隨宜.－若抹摟高而欲同其平, 則隨抹摟爲之. 大抵二三尺, 用營
造尺.－前面當中作灶口處. 姑勿築二甋廣, 以竢作灶時.

定地平. 其法, 於築墻內實土, 堅杵令極平, 高不及墻.－量二甋厚及小方
甋之高, 共爲幾寸以定, 築土不及墻之限.－

鑿灶坎. 其法, 地平訖, 周墻前面不築墻處內面, 鑿地長三甋廣二甋深二
尺許.－墻外, 亦如此.－鑿有三面, 餘地以甋或石, 並築三面, 坎底鋪六
甋, 坎上以長大甋或薄堗石覆之, 其左右後, 俱用薄甋小片支之, 令有空
隙通火道. 坎前面左右墻端, 更堅一甋, 上加長甋或石以作灶口, 仍於口
上補築墻缺.

鋪地甋. 其法, 墻內地平上, 鋪甋密平, 止於坎邊.

列小方甋. 其法, 列立小方甋於地甋上,－小方甋, 高則五寸許, 方三寸－
縱橫均排, 相去一甋, 必以觚堅四壁, 以半甋橫堅於地甋之外, 高齊小方
甋.－若無小方甋, 以石片作樣成之, 亦可, 亦鉅斷甋作片.－

鋪上甋. 其法, 加甋於小方甋之上, 令四甋尖角同枕一小甋, 每甋相連處,
及加小方甋處, 以水石灰塗其縫隙, 甋端當四壁處, 亦以厚灰塡其隙. 坎

上覆大瓴上, 又鋪六瓴作兩重. 用薄瓴片支六瓴, 高與諸上瓴平.-燕京燒瓴甚精, 大小厚薄無參差, 炕瓴比他瓴稍大, 四邊互齗相合, 故炕面如削, 井井如界行, 我國瓴不能然.-

通烟穴. 其法, 炕左右隅, 從便出小穴如大竹筒.-用柴半束, 可溫一間炕.-

附鼎炊. 其法, 勿當中作灶, 必於一隅成方灶, 安鼎曲堗而爨. 設坎同上, 使火氣橫入.

風灶式

築周墻, 鋪地瓴, 如直堗式. 前面作灶處, 但開小穴楕而築之.-楕, 狹而長也. 其穴形竪.-

鑿風穴. 其法, 前面跨墻當中鑿, 兩坎相連, 如兩圓器, 深各布尺二尺, 腹濶口窄, 上開穴如胡壚形, 兩穴相通, 置小隙, 董二三分.-上口徑四寸許.-

排竪瓴及上瓴. 其法, 地瓴上, 列竪橫瓴.-橫毋過四五寸營造尺.-如卦劃狀, 隔一互對加上瓴於其上, 灰塗縫隙如直堗式.-

納薪火于穴. 其法, 先納炭火於穴, 用黍稭, 或細柴作束, 可容穴大, 長則隨宜, 納于炭火上, 以手執柴出納. 少頃, 烟氣自升, 自穴口生風, 蒸柴, 交互之瓴, 翕引火氣, 一握之柴, 可溫一炕, 烟穴如直堗式, 左右置穴亦可.

去灰. 其法, 外面鑿風穴, 面墻之外地底, 又鑿方坎, 深與穴等, 以女瓦緊覆其棄灰穴.-穴高三四寸而狹.-上覆以大方瓴. 去灰時, 開而取灰, 還復蓋之, 常時則如平地.

民俗由儉入奢者易, 由奢入儉難, 旣不能昭儉而化侈俗, 又不能從簡省費, 則其弊終不但甚於天災而已. 東土多山石, 故國俗以石作房堗, 爨費柴薪, 而昔時則山林在處鬱茂, 古人猶患樵蘇之艱, 雖京師甲第, 棟宇雲翔, 丹艧燦爛, 一舍不過一房, 老釋居之, 少壯皆居抹樓, 一房厚薦藉以經冬, 卽今藤毎之屬是也. 是以人多康健, 無血枯理踈之病. 中世以來,

侈習益長, 而人多脆弱, 昔之抹樓, 盡化爲房堗. 今則大第, 有十餘堗, 少
不下四五, 奴婢之賤, 亦居溫堗, 人氣日弱, 少觸寒則生病. 百里內諸山,
皆重加以蟲災, 樵蘇之艱, 百倍舊時, 而薪貴如桂, 貧者不能炊食, 富戶
費價多於衣食, 習俗莫變, 生理漸耗, 豈無從簡省費之策, 以紓其艱者
乎?

中國山東以南, 室無火炕, 皆寢處床榻. 唯東北高寒之地, 有火炕, 亦不
甚廣, 縱雖數間, 橫不過半間. 余嘗使燕, 諦審之, 造炕皆用甋. 所爨黍稭
石灰, 比我國柴薪之用, 董費十分之一, 而炕堗可禦寒. 地居平野, 山木
難取, 故自古有此制云.

其安炕之法, 我人或有學淂者, 譯官金指南, 曾知此制, 今亡不傳, 近聞
博川郡守朴東樞, 以關西人, 數赴燕, 亦學此制, 故問而錄成圖說如此,
且聞譯官李碩采, 新學燕人燒甋捷法, 守禦廳開窯漢南而試之, 功倍費省
於瓦署匠人之法, 甋且極精, 盖得土如燕土之性者云. 此法若能流行, 甋
將賤於前日, 甋賤易得, 又効此造炕之法, 則薪柴之費, 可減十七八, 買
甋之費, 亦當取石之勞, 明知其省費, 堗煖之效, 必不勸而爭爲之矣. 廚
院移直處, 有可改堗之故, 試以燕法用甋造炕, 半束薪柴可爨而俓夜, 其
法誠妙矣. 提調閔聖猷, 以爲宜諺解其圖說, 以傳于閭巷, 故亦從之, 此
用爲之兆也. 士夫大家先行之, 小民必多効之.

此內局都提調判府事李相國所製. 當丁酉戊戌, 上候違豫之日, 移直廚院
多年矣. 三提擧及郎官率屬, 嚴冬寒沍, 無所住着, 都提調房及提調郎廳,
盡以此法撤去抹樓而改造, 不但費廉功省, 朝安而夕寢, 可謂捷法. 延礽
君侍湯之隙, 憩宿司謁房, 而亦用此法, 蓮洞相國第, 亦用此法, 安直
堗·風灶, 誠妙矣. 縉紳家聞而慕効, 欲行而未果. 如吾輩力微不行, 姑
爲經紀鳩聚, 而逢人卽勸. 惜乎! 人之安於故俗, 懶於更張如是哉! 全疋
帛高一尺, 何其流行之速耶?

2. 利器用篇

撥魚刃 -音蜀, 刺也.-

以鐵打造作竿, 體如筆管大, 長二尺許, 微偃. 有逆刃, 長寸許, 四行皆添
十餘刃, 又以柔韌枝幹作柄. 長幾一丈餘, 鑿作孔, 以其竿出納數三次後,
抽出則魚皆撥出.

網魚具 -戽音戶, 푸닉.-

淺灘或水勢泓靜處, 先以布作袱, 四邊以索作網. 使其邊幅緊, 中幅緩,
又以木椿, 椿之令其不動, 以穀物布其中爲餌. 後以數罟長廣約三四尺,
製作布置, 一如布袱之爲. 以柔韌長枝條, 繫其四角, 堅而上之, 合而撮
之, 又於水邊, 以木作機, 如轆轤狀, 堅植之, 於其中腰堅鑿孔, 以長條揷
而末梢繫於合撮處, 若懸燈狀. 欲浮則四角之索, 繫於椿, 欲沈則上條緊
引, 其勢不得不沈水底矣. 轆轤之腰, 又橫穿一孔, 以尺許木揷孔, 後以
飯食及米粒投罟中, 則魚爭聚嘬, 乃以尺許木向地面掣之, 則網擧而自勞
隨擧, 魚自在無水中矣, 乃網戽挹出.

捕鶉網

先以長竹篾, 或獼猴桃藤作圈, 徑可五六尺, 後以別以四篾分排扎之, 上
頭合撮, 則形如簑笠, 以網籠之, 又以木作器械, 如樵童負薪之具. -俗
稱負機.- 左右堅柱, 稍長以其柱端, 繫於簑笠上竹篾, 負其負機, 牽獵
狗, 行於黃草中, 則鶉性必直上而飛, 故跟脚間飜掣, 則獵者蹔蹲, 已胃
於網矣. 摘出, 藏于腰間網帒, 其放鷹網打之類, 比之甚捷也.-鶉聞草中
跫音, 必已先飛, 何俟獵者之至而飛哉, 恐未必然.

捕鼠機 -好孔也, 肉音有, 體也.-

先以鐵造如鏡狀, 鏡面中剜出孔穴, 好大而肉少. 鼻端剜楕孔, 屈而至釘

處. 肉畔四正釘圈釘. 又以鐵, 體圓如筯脚大, 兩頭納于左右圈釘中, 釘外出處, 作頭令不差池. 釘內筯鐵上兩處, 添一乳如米粒, 以爲機發. 當中腰添一乳稍長如錐, 以爲繫餌之具. 又以鐵作如圓環分爲兩段之狀, 兩頭有乳, 如銅器, 俗所謂擧戶－들쇠－鐵狀. 當中腰又添小突乳頭, 環傍有鉅齒, 兩半環相交, 則爲胳之具. 以其環頭之乳, 納于前後圈釘中, 其後頭必貫鏡鼻之楕孔, 令其伸而鎖之後, 以其兩半環相開而排安, 則環腰之乳頭與筯頭之乳相交, 一橫一竪, 相依爲機發. 錐頭之餌一動, 則筯體至圓, 勢如累卵易墜, 則兩乳頭失守, 而鏡鼻之屈者自伸, 環腰之鉅齒相合. 盖錐動則乳解, 乳解則鏡鼻之屈者伸之, 鼻伸則環腰之齒相咬, 鼠安得脫乎?

風爐韛 －音覇, 行箱也, 風箱也, 俗稱풀무.－

作爐如我國風爐, 爐傍掘地數寸許, 埋一木盤, 覆其盤蹄. 蹄傍以熟馬皮, 造無底囊, 挾而釘之. 傍通一細穴於爐中, 一人以囊開口翕取風, 而撮約之, 用力壓勒, 形如我國小兒口中酸漿子運轉自鳴, 壓而復起, 風緊而火力猛矣.

大榨油機

先以礎碣埋地中, 中剜立柱穴, 旁穿一孔, 以木釘之, 令其不上, 兩柱內埋一石如磑, 面刻脊骨肋骨狀, 當鍤鐵嘴如筧, 筧前埋一瓮, 兩柱間形如去核機, 柱外兩邊以鐵索懸石椎. 以麻繩作網帒, 量容十斗許, 以蒸荏入盛, 以繩約撮, 以鐵片作箍, 勒定累十帒, 上安一板, 以橫木貫於兩柱, 杠之兩邊, 以木頭, 頭尖末大者釘之. 左右石椎, 兩人應聲而撞之, 則油如瀑布之灌, 鐵箍相交後乃止, 更蒸更榨, 一巡之荏, 幾至十餘斛云.

小榨油機 －楦音喧, 골박다.－

以木性堅靭者－或石－, 造如我國之木履, 一頭穿孔作嘴. 蒸荏盛布袋, 竪定兩三重, 以小板隔之, 別以木椿, 椿之板外, 撞之如皮匠新造鞋楦定, 則油自嘴出.

徽索機

如我國之三手兒之法, 而但以長木條爲之, 一穿三十孔, 一穿十孔, 一運
能絇百把索.

杻骨瓮 －쳔누리광이, 鑿音쳔, 어저귀.－

以杻骨或荊條作瓮, 以石灰末鑿到鑿, 以油相和, 作泥塗之, 曬令膃乾,
盛油不漏. 只塗瓮裡, 不塗瓮外.

荊量

以荊條作籠, 如我國之杻籠, 內可容數十石穀, 以牛糞或石灰末和到鑿,
作泥, 塗其裡, 貯穀物, 梯以取用.

下篩具 －允音昌, 신챵－

一間屋四圍築火坊, 墙前後駕中防, 火防及地面, 塗以石灰令淨, 兩中防
當中剜半月形, 以圓柱杠加於兩半月孔, 令其滑動易轉, 以大篩駕於圓杠
上, 以繩貫篩四角, 令其堅緊, 以麩末盛之, 一人跨圓杠, 以跨馬狀, 左足
履地, 則右足離地寸許, 左右皆然, 則圓杠自轉, 麵末下如雪, 跨者則兩
手有暇, 或錐鞋允或紡絲成圓結塊.
或以皮條貫於圓杠端下安, 我國板風爐之狀, 以皮條繫於板端, 一人立于
板上踏之, 篩自圓轉, 此則小機.

隻脚碓

以石作杵, 頭有橫孔, 以木作獨脚砧, 納石杵孔中, 其形如掌道里. 砧腰
岐木, 勿用雙柱, 以獨柱埋之, 直剜一洞, 令砧高低隨意, 橫鑿一孔, 令梗
釵不翻, 其勢頭重身輕故也.

磟碡機 －磟碡音繆毒, 번지.－

以石長三尺許, 徑一尺許, 作圓柱形, 中鑿豎孔, 以杠穿之, 杠兩端繫繩,
駕於驢子如駕耟於牛. 播種後, 以此曳之, 種不出土, 野鳥不浴食, 穀根

亦固.

搗練子

以大石作磨板狀, 中心穿一孔, 以性硬之木植柱令堅, 又以石礐磚機, 以
梗木作杠, 納孔中, 出外一頭穿穴, 貫於磨板中堅柱, 其外端一頭稍長處,
駕驢子, 以索牽掣, 使不外走, 以氈或衣幅裹其外面之目, 終日環走磨上,
舖皮縠, 與舂無異, 甚省力.

又一法, 如我國磨末法, 駕驢如右法, 或有駕馬駕牛騾, 而其牛馬不逸,
但其磨孔納穀麥, 有以胡孫使喚者, 有磨面微凹而傾, 穀物因磨動而自然
流入.

鍘刀子 － 音七. 研刀也. 漢音自. －

以厚一尺或七八寸木板, 長二尺許者, 一頭中間以鉅, 鉅開至半, 納鍘刀
于其間, 刀眼當的處穿穴, 以鐵造竹管狀, 兩邊納之, 又以鐵圓筋貫之,
卽我國固頭鐵也. 鉅開處兩邊, 舖片鐵以釘釘之, 釘頭出外三四分如列齒
狀, 使藁草掬到時, 無差池之弊, 刀刃又不着於板上, 故無易鈍之弊, 黑
夜無斷指之患.

斧子楕鑿 －上音楕, 孔狹而長, 下音恐, 斧孔也. －

斧子孔或方或圓, 皆狹而長.－理似然.－ 用時無圓轉脫落傷人之患.

酒槽 －徽音딩, 곰탕. 煮音勻, 굼나다. 焦音孚, 달쁘다. 釀音卜, 골마지. 畜音本, 삼틱.－

以廣板爲下底, 刻如脊肋骨狀, 又以無底無盖橫子, 安於板上, 長杠木曲
頭木與我同, 而但長杠一頭爲圓柄納之, 故無醷槽之患. 掛石壓出時, 以
畬繫四角, 掛於杠端, 大小石塊旋旋盛之, 故俗無綻裂之慮, 人無費力之
患. 洗滌時, 分開而洗之, 故無徽煮焦釀之臭也.

我國則以全木作槽形, 或作橫子, 故夏月則生蟲, 罅隙有腐臭. 石子亦用
大者, 網之以掛, 故俗裂而破, 石重索斷, 累傷人足.

烏陶甑 －箄音卑, 시로밋.－

以黃瓷法造甑如竹筒兩頭去節狀, 先以竹片作簾爲箄, 安於鼎口, 上以甑冠之, 如人着冠之狀. 雖無甑帶, 其氣不漏, 蒸無生熟之患. 若蒸多而久, 則甑旁有穴, 如長盆嘴, 竹竿繫布片, 入探驗其水之有無而添之.

獨輪車

形如我國輻軒, 而或無前杠, 無鶴膝. 輪出杠上. 頭勢稍銳, 左右有柅, 後梗杠短. 繫以皮條掛肩, 如架子軍之爲. 欲止住, 則別以一木杖撑之. 一車可運一馱之物, 若輪無出杠上者, 嫌其濺泥也.

余嘗往燕, 見獨輪車之運物, 似甚梗易. 然北京無溝渠塹坑之險, 可以用此, 我東不然, 十步內渠溝不下四五, 何以用車? 且燕京街闊, 車可以一往一來, 我東不然, 巷狹僅容一人者有之, 或巷勢盤紆, 不得行者有之. 車將何由運也? －紆字下, 當有騎字.－

食刀

廣幾六七寸, 脊與刀厚不相遠. 其受柄之尾, 不爲當中, 自刀脊相連而納之. 用時, 手不撞俎, 甚便利.

鐵燈檠

如我國之燈檠, 而但植柱處, 孔圓而納柄, 隨人坐處轉之, 故無覆燈之患.

鐵燈盞

如蓮花瓣狀, 嘴有細路, 令含燈心. 又有尾如舵, 油不染指. 左右腮稍低於嘴, 故傍徹之光遠照.

挹豆枓 －音塗, 구기. 我國煮馬豆時, 用之甚便.－

以鐵造, 如瓢而有柄. 瓢心穿十餘孔, 使不漏豆. 鐵身木柄.

鐵把子

以鐵造, 如人手掌, 微凹有五指, 凡物以此挹取也.

鋣笊籬

音照里, 卽죠리.

鋣竹篩 - 얼멍이 -

皆以銅鐵爲之, 至傳數世云.

石鹼 - 盍音朴, 如我國造鉛粉劃界. -

掘地爲坎, 塗以石灰作乾, 以藜灰汁淋汁, 同石灰末, 化開攪勻, 以待自乾成塊, 分盍藏之. 熱湯化開, 洗垢衣, 雖年久白如玉.

去核機

如我國之去核具찌ᅵᆨ, 橫轉圓杠有二, 一木一鐵. 木端貫曲木, 以手轉之, 鐵端繫繩, 繩繫小板, 以足踏之, 使低仰. 人距凳床, 用手用足, 花吐於機前, 核吐於機後, 一日去核數百斤.

夜虎雌雄 - 卽今尿缸, 或稱夜壺. -

以黃瓷土造, 如我國之酒盒形, 放之則嘴向上如鱉出頭, 此爲雄, 男子之物也. 其雌者, 或有嘴如長盆嘴, 可憎如喇叭口者, 或背有圓孔如鍾子口, 而有蓋有乳者, 女子之物也.
－余往燕未見夜壺, 詢之謂是, 陋器, 故臨睡而出, 晨起而藏云. 形陋質鈍不如我國溺缸之輕便也.

彈花弓 - 弸音耳, 고재. -

以羊腸爲絃, 弸端有輪, 以椎椎之.

錞子

其面微似仰瓦之狀, 其受柄處有梁, 如人山根稍長之形, 雖年久傷缺, 無頸折之患.

鐵圬子

如我國之圬, 而其尾上而又曲, 向頭又屈, 恰如口字之狀, 中容四指, 其用甚便, 且不頸折.

煮鐺子

水鐵和生銅鑄, 如簑笠形. 凡煎煮炒燒極便, 火力甚捷, 以此安於土烽爐.

土烽爐 －石煤, 石灰也.－

以磚隔石灰, 或埴土築成, 高齊人心胸, 下有四方穴, 最上以磚稍向裡築之, 以鐵梯梯之, 四角安磚半尺許後, 安煮鐺, 熱之, 風自下升, 火力甚猛, 灰墜下, 濕柴石煤, 引火甚捷.

3. 食治方

冬瓜蒸 －上品旨味, 落點進御.－

體小冬瓜, 開穴去瓤, 以雉雞猪肉等料物, 並油醬, 若鮒魚蒸, 塡其中, 以土塗外, 入慢火中, 煨熟而出, 瓜軟如泥.－冬瓜勿去皮, 以紙草索結裹後, 以土塗之也.－

松耳蒸

軟松耳, 並雉雞油醬諸栯料物, 相隔塡滿缸中, 以土塗外, 納慢火中, 煨熟. 耳軟如芋.

木米煨餅 － 不如郷人所傳. －

精木末細粉拌水, 團作西瓜形, 濕紙裹, 慢火煨, 爛熟. 切成片, 乘溫和生清食.

芋餅 － 落點進御, 已上熟手朴二乭造. －

土卵新採軟美者, －市肆洗去麤皮者不爛, 取田中帶土者乃佳. －急洗淨, 煮至極爛, 勿令開盖見之. 爛熟後, 衆手去皮, 旋投蜜中, 以竹籤亂刺, 令蜜浸漬後, 熟栗末或柏子末爲衣, 乘溫食之.

沙蔘餅 － 永平官奴姜天益造. －

沙蔘, 水洗淨, 去皮, 烹出, 置案上搗爛, 以手開揩似揩綿狀, 令其張大. 以粘米末輕輕糁之, 清油煮出, 放杻盤上, 置陽處少時, 漬清蜜其體虛鬆軟脆.

煨鮒魚 － 江華經歷元命龜來言, 司僕巨達池崟男造. －

大鮒魚一尾, 刳腹去腸胃, 勿去鱗, 洗淨以黃泥固濟, 以紙包裹, 更以藁索結裹, 入慢火中煨出, 鱗甲自脫, 以筯取肉點鹽, 乘溫食之極美.

鮒魚蒸 － 掌樂主簿閔啓洙奴次順造. －

大鮒魚一尾, 從背刳開, 勿傷腹縫, 剔去脊骨, 以雉鷄猪肉等料物, 薑椒葱蒜諸料塡滿, 以稻稈數莖扎縛, 毋令餡物吐出 以清油飜轉煮出於鼎冠上, 後入盛盆子, 以烹鷄水浸漬, 重湯蒸出, 以餡物餘味作汁, 浸埋食之.

黃雌鷄餛飩 － 司饔庫城上權嵓石來造, 熟手四金二乭伊並學得. 累日進御. －

黃雌鷄二首雉一首先烹取肉, 入松耳葱蒜, 各亂爛剉作泥. 入油醬炒出, 以勺揉爛, 令其膏肪凝出, 後入葱薑蒜料物, 酌量其味. 後取白麵, 十餘次重篩極細, 以水拌作餅, 以圓木槎揉, 令其極薄如紙, 以竹筒印出, 令大小便齊, 以餡胎之, 以水拭其脣合付, 後取雉鷄湯, 乘其起滾, 暫煠出. 以其湯半碗相和浸, 服時以醋醬葱蒜和食, 醫學入門有方而大異. 盖此物

極脆, 見成後留一時, 則盡皆塌爛. 隨成隨食, 不失其味. –水刺間或以猪肉作之, 名曰餅食. –

石花饅頭 –有人來傳而不甚佳, 頗腥不脆. –

石花鹽水洗去碎甲, 沸湯微煤, 更以清油炒熟, 篩盛傾去汁水, 每顆實餡如餛飩狀, 滾湯急烹, 取出, 和醋醬葱蒜食之.

母露鷄雜湯 –次順來傳而造. –

先以雉鷄猪熟肉, 蕈古眞耳栢子薑葱作泥, 鷄卵油醬煎作餡, 取牛髓作泥實餡, 菉末爲衣作煎. 又以秀魚薄切成片, 饅頭如牛髓煎. 後以烹雉鷄湯入, 牛心肉和眞耳蕈古海蔘蔓菁根鷄卵切片蟹黃及四脚肉, 擣作泥, 篩出, 和原餡及料物攪勻, 以匙抄如棗大同煮, 待極滾, 浸鷄卵汁中同煮, 令旨味, 出以料物相和食之.

生雉醬 –駱洞趙相國來傳. –

雌雉三四首, 洗淨烹, 去皮骨, 只取肉, 擣作泥, 篩爲末, 極細脆, 後入川椒末生薑汁醬汁, 的其味, 炒成泥, 不燥不濡.

餡全鰒 –同上. –

取蔚鰒半乾者, 刳其腹, 納(栢子)泥後, 以布裹札踏之, 令栢氣透徹, 至半乾, 去絃, 切片食之.

醋蒜 –中國人所傳. –

取法醋一斗, 入陶缸中. 取大蒜, 去皮膜浸其中. 或經數月, 或經年, 日久淹藏於地中, 無蒜臭食之, 甚良. –其醋味亦佳. – 曾於寧遠衛謝長家, 其妻爲謝治病而饁之, 果覺好味.

軟白糖

造白糖, 累次牽之, 令色白理鬆後入缸, 緊封埋土中. 三四年後取出, 輕

虛易碎, 味無少酸. 曾於瀋陽將軍宋柱家, 爲謝治病, 饋以餞床. 我人以
爲尋常物, 上使東平都尉知之, 取食之, 果絶味也. 入口片片飛碎, 少無
勞齒, 且不黏牙.

酪屑

多取乳酪, 盛於砂碗, 令其塗漫曬乾後, 以翎掃取盛於砂碟, 白如雪屑,
以雪糖屑和食之, 入口而齒末相交, 已無去處, 淸爽甘冽無比, 曾於諸王
家裡人舍食之.

蒸狌

生未二年猠狌, 去腸剖張, 重疊三四首, 而慢火蒸出, 脆如豆腐, 其味絶
佳美. 曾於瀋陽副都統托六爲名者饋之, 近聞其人爲乏喇將軍而去. 未知
陽貨饋孔子, 及晉武帝時侈臣以人乳喂猴而蒸者, 亦如何也.

造堊煎

以白粳米粉造, 造堊餠, 以糖水拌勻, 餡用糖屑, 微凸腹, 香油煎出, 乘熱
食之, 熏甘軟脆殊色. 曾於兵部郞中常壽家, 其妻席未暖而饁之.

鷄蛋湯 －余往燕京, 曾嘗此味, 虛軟淡鬆, 恐未比於我東之造, 而燕京食物,
皆必猪油煮熱, 香油恐不如猪油之虛鬆也. －

鷄卵不拘多少, 先安煮鐺於土烽爐, 以香油滾起入卵化開, 其形如豆腐初
凝之時, 脆軟旨甘, 聞福昌君槙還家作之, 而不及彼云, 市肆中多有之.

猪肚子

猪廣腸切片炒熟, 其味勝炒腰, 盖廣腸胖厚而脆, 炒煿之器亦的而手艮亦
熟.

粉湯

菉末作麵細細, 或作絲麵, 入醬湯中和料物, 鷄卵一箇烹, 令黃半凝, 安

粉湯, 名單鷄蛋湯, 二箇則名雙鷄蛋湯, 味頗佳美.

熱口子湯

別有煮熟之器如大盒, 而有蹄邊穿一灶口, 盒心堅一筒, 形高出盖外, 盖子中心剜孔, 令筒出外, 筒中熾炭, 則風自蹄穴吹入, 火氣出盖子外孔, 盒心週廻處, 入猪魚雉紅蛤海蔘牛臟心肝肉及大口粉麵剉肉餡丸子蕫根菁根菘菜葱蒜土蓮, 一應食物, 聚塊散布, 入淸醬湯, 則自然火熱成熟, 諸液相合, 味頗厚, 數人環坐, 筯而食之, 以匙抄湯, 乘熱食之, 便是雜湯, 盖彼之絶佳之饌, 雪夜會客, 甚爲的當, 若成坐各床則無味, 彼俗本無床之禮故也, 我人或買來其器者, 野外餞別, 冬夜會飮, 甚佳.

藕粉粥

拔出蓮根細莖, 中通者棄之, 只取頭梢兩端, 淨洗去皮, 切作細片, 曬乾後, 以碾子磨之, 以篩篩出, 取末約一兩, 和糖末二錢, 盛碗內, 以冷水少許調拌, 而注以極熱水, 則如我國薏苡粥, 或如芋毛半凝之狀云. 此則金壽長手本, 眞定府楊州府高郵縣者上品, 而造法作粥法如此云云, 本草無此粉之說, 故漠然不知矣. 乙未, 余赴燕時, 諸王跟隨夏迪簡者, 以病當鍼, 累度往來, 鍼後, 則每服此粥, 亦勸於余, 服之頗佳, 還家後, 偶閱張璐醫通, 張卽萬曆年間人, 始有此粉之法, 水飛取粉如天花粉葛粉之爲, 時先王違豫, 累年口淡, 不進飮食, 且患血溺, 余白于都爺李相國, 相國分付曆賣官金壽長矣, 果於到遼覓得先送, 先王不嗜甘物, 進未數次而止.

西國米

倭國有西國米, 疑是其邦近西地所産, 其形如秫薥米而色白, 顆粒頗麤. 病人厭食者, 服之云云. 余曾以姊病往東萊, 取而作粥. 其法以砂糖水和米待滾, 以匙攪揚累百遍, 則顆粒盡解, 儼若調薏苡粥. 性且滑, 入口而未及運舌, 已入喉矣. 余白于都爺, 轉啓而入之.

鮒魚粥

鮒魚洗淨, 以巾拭乾無水濕氣, 取肉爛成泥, 篩如粉, 先以淡醬湯煮細元味粥, 臨沸以元味汁少許和魚泥攪勻, 令無碍粒, 後入湯, 攪勻作粥, 味甚佳無腥臭. 庚子間, 自內作粥, 乘溫進御, 有味頗好之敎, 助氣粥以石首魚, 爲之如右. 余曾聞于病家.

豆腐皮

造豆腐, 入釜滾湯時, 待稍定, 面皮生皺時, 以竹篦刮取爲薄皮, 陰乾藏置, 每造湯時, 薄切成片, 則恰似鷄卵煎料物, 味且廉淡, 可爲素饌.

魚腸蒸

取大口魚腸, 餡以大口魚白, 以繩扎縛其兩頭蒸出, 截成片和醋醬料物食之, 或以雉猪鷄等物作餡, 食之亦好.

麵筋

小麥麩和末者, 水拌和作餠, 用力搓揉, 其精者相聚成片, 麩末則散落, 形如玉剉成片, 入湯. 俗名曰粘, 最助湯味.

耳麥松餅

耳麥粉作松餠. 柔韌潔白, 味微甘宜食, 或作麵亦佳.

扁豆莢作茹法

新嫩扁豆莢, 爛烹, 和醬作茹, 曾食之頗好.

醬瓜法

取冬瓜黃瓜杏仁西瓜仁, 皆可浸醬爲饌, 曾食於燕京人家, 頗好, 亦可寄遠.

汁醬法

七月望後, 或八月初, 取小麥麩二十五升, 黃豆一斗二升五合, 先煮黃豆

如燻造樣, 極爛. 取麩和水, 手搓成塊蒸出, 或於黃豆上鋪置蒸出, 極熟,
竝麩豆爛搗作塊, 如燕覆子大, 入空石, 以藁草隔之, 如盦燻造樣, 三日
後更盦, 七日後曬之又盦, 過七日後, 取出曬乾作細末, 以鹽七合和水拌
勻, 如薏苡粥樣拌勻. 又取冬瓜茄子作片, 以本豆與麩相間鋪置於缸內,
油紙緊封缸口, 以鼎冠蓋之, 以泥土固濟後, 入草稤中或馬糞中盦出, 或
十日或十餘日取出, 大抵草稤以多爲主, 以牛馬爛踏積置, 令烋氣極烈,
多多尤好.

食醢法

松都食鹽, 味甚佳, 頗勝於京造. 留公幀者, 得其法來言, 先以精白大米,
極淘極舂, 以甑蒸而調水甚少, 令蒸飯粒粒皆散, 則下飯米雖蒸熟, 上飯
米猶生不熟, 乃以鼎盖仰覆於甑上, 多置火木等火, 令上飯並熟, 乃取出
入缸中, 另以麥芽末以熱水浸, 良久, 篩過去粗以其水浸缸中, 令纔浸飯
爲度, 以紙封缸口, 置溫堗, 假令初昏置堗, 雞鳴時取出, 置冷處, 若久置
溫堗, 恐味酸故也, 另以冷水調蜜灌缸中, 又和棗栗栢梨等, 其味爽腅異
常也, 食醢若欲遠送他鄉, 則棗栗等屬不必調和, 恐變味故也.

淳昌苦草醬造法

콩쑤어二斗白屑餅五升合, 細末亂搗, 入於空石中, 正二月限七日씌어曬
乾後, 好苦草末六升調和, 又麥芽一升粘米一升, 並作末되게쑤어快冷
後, 甘醬分數同入, 又全鰒五箇好品을비슷비슷졈이고大蝦紅蛤分數同
入, 生薑作片, 限一望入缸삭낀後, 置之冷處, 出而食之. 余謂不和以蜜
則味應不甘, 而此方不載, 疑其闕也.

食醢

一宦家善造食醢, 因其下隷, 略聞其槪. 精白米지에쩌攤冷後, 以冷水洗,
令粒粒皆散, 另以麥芽末水浸一晝夜, 細細傾出, 取其上水浸其飯爲之
云. 又曰, 白色如雪의蜜多調爲之, 又曰, 若雜以果物, 則味不佳, 必以大
大의好品柚子, 不去皮, 全顆同浸於飯中, 則味香而粒粒皆全, 色潔白且

舐云云.

菁醢

菁醢, 家家有之, 而味多醎者, 或色不淨者有之. 一家造法, 以舊舊年陳久色黃的蝦醢, 以水煮後, 以細篩濾去粗, 另以生菁大切如片, 以煮蝦水浸. 又以苦草末多多拌勻, 則經久成味而味不大醎矣.

白魚湯

以菉末捏造白魚비어樣, 又以胡椒을바아如兩目樣, 乃以沸湯데져니여, 以蜜水食之味佳.

可麻甫串

秀魚或鱸魚농어或道味魚切作片, 另以牛肉猪肉木耳石耳蔈古海蔘諸味等及葱苦草芹諸物爲末. 魚片一層, 加餡物一層, 又魚片一層, 又加餡物一層, 如是三四層後, 捲如周紙樣, 以菉末爲衣, 以沸湯煮出後, 以刀切作片, 則魚片及餡物相捲回回如太極樣, 乃以苦草醬食之. 餡物諸味, 五色爲之, 刀切後紋理尤佳.

白菘葅

好肥白菘菜, 取其白莖, 蒸熟後, 芥子汁及葱蒜之類, 層層浸宿, 以芥子汁入其莖葉之裡後食之.

4. 諸法

刻琉璃瑪瑙玉石

以自然灰埋之, 卽爛如泥, 至易雕刻. 自然灰出南海畔, 狀如黃土, 又蟾膏能軟玉如泥.《本草綱目》

銷金銀鍋

收磁器屑, 碓舂爲末, 篩澄, 用膠水和劑作鍋, 以銷金銀.《本草綱目》

甆器

白土作坯, 晒乾, 沃以石灰水, 燒以成之. 澄淸水飛作坯, 則潔白如玉.
《本草綱目》

石鹼

采蒿莖之屬, 開窖浸水, 漉起酒乾燒灰, 以原水淋汁, 每百斤入粉麵二三
斤, 久則凝淀如石, 連汁, 貸之四方, 澣衣發麪, 甚獲利, 他處以灶灰淋濃
汁, 亦去垢發麪.《本草綱目》

金箔

必須烹煉鍛屑爲箔, 性畏水銀, 得餘甘子則體柔, 又洗金, 以塩駝驢馬脂
皆能柔金, 遇鉛則碎, 物性相制也. 仙經以醯蜜及猪肪牡荊酒, 煉則至柔,
今之匠者, 用黑箔紙, 搗鍊成箔, 稱以貿於中國云. 余屢赴燕, 絶不聞貿
箔者, 必匠家秘其術法, 徒欲貴重耳. 抱朴子云, 鉰黄金, 不亞于金液. 其
法, 用豕負革肪, 苦酒鍊之百遍, 卽柔, 或以樗皮治之, 或以牡荊酒磁石
消之爲水. -項下膏曰負革肪.-《本草綱目》

銀箔

銀箔見成者, 以水銀消之爲泥, 合硝石及塩, 硏爲粉, 燒出水銀, 淘出塩
石, 爲粉極細, 用之乃佳. 羊脂紫蘇子油, 皆能柔銀. 古法以水銀煎消, 制
銀箔成泥.《本草綱目》

造粉法

每鉛百斤, 鎔化, 削成薄片, 卷作筒, 安木甑內, 甑下甑中, 各安醋一瓶,
外以塩泥固濟, 紙封甑縫, 風爐安火四兩, 養一七, 便掃入水缸內, 依舊
封養, 次之如此, 鉛盡爲度, 不盡者留, 炒成黄丹. 每粉一斤入豆粉二兩

蛤粉四兩, 水內攪勻, 澄去淸水, 用細灰按成溝, 紙隔數層, 置粉于上, 將乾, 截成瓦定形, 待乾收起. 又法, 黑鉛着槽甕中罨化之. 又法, 鉛塊懸酒缸內, 封閉四十九日, 開之則化爲粉, 不化者, 炒爲黃丹, 丹滓爲密陀僧, 工人必食肥豬犬肉, 飮酒及鐵漿水以厭之, 枵腹中其毒, 輒至病死. 相感志云, 韶粉蒸之不白, 以蘿蔔瓮子蒸之則白.《本草綱目》

黃丹法

黑鉛一斤, 土硫黃十兩, 硝石一兩, 鎔鉛成汁, 下醋點之, 滾沸時下硫黃, 少頃下硝石, 沸定再點醋, 依前下硝黃少許, 待爲末則成矣. 今人以作鉛粉不盡者, 用醋礬, 炒成丹, 若轉丹爲鉛, 只用連鬚葱白汁拌勻慢煎, 煅成金汁傾出, 卽還鉛.

造水銀法

采粗次朱砂, 作爐置砂於中, 下承以水, 上覆以盆器, 外加火煅養, 則煙飛於上, 水銀溜於下, 其色小白濁.《本草綱目》

草水銀法, 細葉馬齒莧乾之, 十斤得水銀八兩或十兩, 先以槐木搥之, 向日東作架晒之, 三二日, 卽乾如經年久, 燒存性, 盛瓦盆內封口埋土炕中, 四十九日取出, 卽成.《本草綱目》

余曾得祥原朱砂麤末, 撒艾炷中爇火, 以砂碗覆之, 經久待火滅取出, 則無水銀, 而只煙薰而已. 以翎掃之, 則細細星點, 合爲一水銀片.

胡演丹藥秘訣云, 用瓷瓶盛朱砂, 不拘多少, 以紙封口, 香湯煮一伏時, 取入水火鼎內, 炭塞口, 鐵盤盖之. 鑿地一孔, 放盌一介盛水, 連盤覆鼎於盌上, 鹽泥固縫, 周圍加火煅之, 待冷取出, 汞自流入盌矣. 似豬脬, 外糊紙數重貯之, 卽不走淚, 若撒失在地, 但以川椒末, 或茶末收之, 或以眞金及鍮石引之卽上.

造輕粉法

水銀一兩·白礬二兩·食鹽一兩, 同硏不見星, 鋪於鐵器內, 以小烏盆覆之. 篩灶灰, 鹽水和, 封固盆口, 以炭打二炷香, 取開則粉升於盆上矣, 其

白如雪, 一兩汞可升粉八戔. 又法, 先以皀礬四兩, 鹽一兩, 焰焇五戔, 共
炒黃爲麪, 水銀一兩又麪二兩·白礬二戔, 研勻如上升鍊.《本草綱目》

造朱紅法

用石亭脂二斤－硫黃赤者－, 新鍋內鎔化, 次下水銀一斤, 炒作靑砂頭,
不見星, 硏末罐盛, 石板盖住, 鐵線縛定, 鹽泥固濟, 大火煅之, 待冷取出,
貼罐者爲銀朱, 貼口者爲朱砂, 今人多以黃丹及礬紅雜之, 其色黯黃, 宜
辨之, 眞者謂之水華珠, 每水銀一斤, 燒朱十四兩八分次朱三兩五戔.《本
草綱目》

造靈砂法

新鍋安逍遙爐上, 蜜搭鍋底, 文火下燒, 入硫黃二兩鎔化, 投水銀半斤,
以鐵匙急攪, 作靑砂頭, 如有焰起, 噴醋解之, 待汞不見星, 取出細硏, 盛
入水火鼎內, 鹽泥固濟, 下以自然火升之, 乾水十二盞爲度, 取出如束針
紋者成矣, 至神之物也, 硫汞相制而成, 謂之丹基, 奪天地造化之功, 竊
陰陽不測之妙, 可以變化五行, 鍊成九還.《本草綱目》

黃銅法

赤銅一斤, 爐甘石一斤煉之, 卽成鍮石一斤半, 爐甘石以大穢浸及砒煮
過, 皆可點化. 眞鍮石生波斯, 如黃金, 燒之, 赤而不黑.《本草綱目》

果木茂盛結實法

凡果木, 作穴, 納錘乳末少許固密, 則子多而味美, 納少許於老樹根皮間,
則樹復茂.《本草綱目》

焠鐵法

如柔鐵燒赤, 投石腦油二三次, 則剛可切玉, 此油高麗有之云, 烘石熱所
出也, 明朝正德年間, 開鹽井得之, 形狀如油如泥, 色如金, 甚腥烈, 又
焠, 路邊, 夏月田間, 潦水久留, 靑黃紫色水, 甚剛利.《本草綱目》

代薪法

用石炭炊爨, 或煉煅鐵石, 其形或塊或末, 有硫黄氣中人, 煤氣毒者至死, 以冷水飲之, 即解, 爇時, 先以冷水一器置房中, 則毒盡入, 水面如黄油. 《本草綱目》

石灰法

作窯燒之, 取青石一層, 或煤炭一層在下, 上累青石, 自下發火, 層層自焚而散.《本草綱目》

逃人還法

以亡人衣, 裹磁石, 懸井中, 則自反. 又以逃人髮, 緯車上轉之, 自反.《本草綱目》

治熟生皮法

凡牛馬生皮, 須用朴硝. 皮硝之名始此, 我國仁川地海畔, 四五月旱時, 有天生鹵如氷穗, 以此煉黍皮, 土人名曰素, 蓋與硝聲相近也. 曾取來作硝, 不結無火發, 與芒硝等三硝異, 蓋陰結之物.

銲金銀法

硼砂與砒礵相得, 兼得水銀, 性走而銲, 又胡銅淚亦然, 曾見金匠家, 以此制金屑, 作水塗之, 煅出又塗, 其色黑, 以犬牙刮之, 淬五味子水, 則鍍金如新輝煌, 金匠家秘而不傳, 碙砂亦銲.

造火藥法

硝石硫黄杉灰相配, 作烽燧烟火鏡藥甚發火, 我國不用杉用柳, 性劣引濕.

畫器

燔造時, 硫黄硝石盛竹筒中, 埋馬糞中, 一月則成水, 以模寫作器, 如鶩子黃色. 回回靑, 如蚯蚓糞或如灰, 畵以燔出則靑, 中國許多器, 皆畵以回回靑, 此物至貴, 何其如是之賤哉, 必他物也, －考見天工開物.－

煮石法

地楡燒作灰, 煮石則如粉, 故道家用之, "歸來煮白石"者, 此也. 七月七日, 取灰同石末, 萬搗, 水浸攪之.

合香

用玄蔘根, 白芷葉, 木香, 甘松, 三乃, 丁香, 藿香, 川芎, 獨活, 良薑, 高本, 角茴, 大黃, 黃芩等, 楡皮麵作糊, 以喞桶笮出線香, 成條, 或盤成物象字形, 鐵絲懸爇, 名龍桂香.《本草綱目》

染紫法

春社前後, 采紫草根, 陰乾, 其根頭有白毛如茸, 未花時采則根色鮮明, 花過時采則黯惡. 采時以石壓扁暴乾, 收時忌入溺驢馬糞, 竝烟氣, 皆令黃色.

芒草

似茅皮, 可爲繩索履屩, 其莖穗可爲掃箒. 曾取其擇作算, 年久不腐, 聞民魚釣絲用此云.

五月五日鷄鳴時, 采艾似人形者, 攬而取之, 收以炙, 病甚驗, 是日采艾爲人, 懸于戶上, 可禳毒氣, 其莖乾之, 染麻油, 引火點炙炷, 滋潤炙瘡, 至愈不疼, 亦可代蓍策及作燭心. 此明朝李時珍之言也. 時珍卽月池翁李言聞之子也. 以神醫大鳴于世.《本草綱目》

搗艾法

搗艾法, 容齋隨筆云, 艾難着力, 若入白茯苓三五片同碾, 卽時可作細末, 亦一異也.

搗兔絲子法

酒蒸, 半晒半潤之時, 入紙撚. 五六條同搗, 則易成末, 如芥子作末時, 入大米同搗之理.

犀角作末法

鎊下後, 紙褁入懷中, 令人氣熏, 則不韌易碎, 故名人氣粉.

茯苓水飛法

碾爲末, 水浸經一時, 掠去膜沫, 以麤麤布漉之, 則只水出下, 絞去水, 晒乾用之, 今人不知妙理, 傾去水攤於灰上.

取火法

削氷成圓, 擧而向日, 以艾承其影, 則得火.

火珠眼鏡亦然, 火鏡則面凹者, 向日, 影在前, 亦以艾承之, 亦得, 敲金鑽木, 亦得. 盖動則生火也. 乾竹片戞生火.

凝水法

取極沸湯, 入瓶中, 緊塞口, 旋入井中成氷. 又以氷磨於柱上, 令其脗合後, 緊按之, 以塩急擦之, 雖夏月氷水流下, 而塊則不落.

染眞紅法

五月侵晨, 紅花搗熟, 以水淘, 布帒絞去黃汁, 又搗以酸粟米泔淸. 又搗, 又絞帒去汁, 以靑蒿覆一宿, 曬乾, 捏成薄餠, 陰乾. 入染時, 先以豆萁灰汁浸, 出紅汁, 和五味子, 或烏梅汁相和入染, 其汁塗磁器中, 乾之爲臙脂, 其子搗碎煎汁, 可爲燭.

白麻 - 어저귀 -

檾也. 其皮可績布, 打繩索, 又細剉和石灰塗壁, 或塗荊籠不漏, 其莖蘸硫黃, 作燁燈, 引火甚速.

馬薤 – 마량이 –

卽荔也. 似蒲而小, 根細長通黃色. 人取以爲馬刷, 故名鐵掃箒. 其草, 牛馬豕, 皆不食.

閩人以芭蕉爲績, 以灰湯練治爲布, 謂之蕉葛, 今之福建苧布甚光潤, 而不如我之苧布柔靭.

龍鬚草石龍蒭, 可織爲席, 疑今菅之類, 卽골也. 文餙, 其名爲龍鬚, 李白所謂莫卷龍鬚席者此也. 其心燈心, 卽골也. 如왕고새늘之類也.

赤白葵花

莖皮可緝布作繩.

黃蜂作窠, 含漆姑草汁爲蔕, 卽此草, 一名羊蹄, 葉似菊花, 紫色, 子如拘杞, 根如遠志, 無心有糁, 生陰濕地.《本草綱目》

染靑法

取藍葉, 圓徑二寸許, 厚二三分者, 接取汁染之, 其菘藍者, 葉如白菘. 南人掘地作坑, 以藍浸水一宿, 入石灰, 攪至千, 下澄去水, 則靑黑色, 亦可乾收, 用染靑碧.《本草綱目》我國所謂半水, 其掠出浮沫, 陰乾, 謂之靑黛, 雖與波斯眞靑代不同, 亦可用於畫彩.

造麵法

以馬蓼葉取汁, 和麵作麵, 亦取其辛味之意,《本草綱目》 而俗以萆麻葉大蓼葉裏踏, 可笑.

萆麻油法

萆麻仁五升搗爛, 以水一斗煮之, 有沫撤起, 待沫盡乃止, 去水以沫煎, 至點燈不炸, 滴水不散爲度. 萆麻仁搗碎時, 入鹽少許煎之.《本草綱目》

軟肉法

庖人烹魚肉硬者, 投鳳仙花子數粒, 易軟.《本草綱目》 烹老猪頭, 投山查
則易熟.

痲法

漠北回回地方, 有草名押不蘆, 土人以少許磨, 酒飮, 通身痲痺而死, 加
以刀斧亦不知, 至三日則以少藥投之卽活, 御藥院亦儲之, 貪官汚吏罪甚
者, 服百日丹, 皆用此也, 刳腸滌胃, 豈不有此等藥耶. 治骨絶脫臼, 用痲
藥以草烏, 解以生薑.
又曼陀羅花, 獨莖直上, 高四五尺, 生不旁引, 綠莖碧葉, 葉如茄, 八月開
白花, 凡六瓣, 狀如牽牛花而大, 攢花中坼, 駢葉外包, 而朝開夜合. 結實
圓而有丁拐, 中有小子, 采其花. 火痲子花等分陰乾爲末, 熟酒調服三戔,
小頃昏昏如醉, 割瘡炙火, 宜先服此, 則不覺苦也. 相傳此花笑采釀酒服,
令人笑, 舞采釀酒服, 令人舞, 試之果然.《本草綱目》

小人爭鬪者, 取芫花葉, 按擦皮膚, 輒作赤腫如被傷, 以誣人, 爲官者不
可不知. 鷄卵, 以芫花汁和鹽擦卵, 則又染其外若赭色, 假造琥珀, 或用
此法耶.《本草綱目》

毒魚法

醉魚草, 多生塹岸邊, 作小株, 高三四尺, 根狀如枸杞, 莖狀黃荊, 有微
稜, 外有薄黃皮, 枝易繁衍, 葉似水楊, 對節而生, 經冬不凋. 七八月開花
成穗, 紅紫色, 儼如芫花, 結細子, 漁人采花及葉以毒魚, 盡圉圉而死. 芫
花亦同, 莽草亦然, 又毒鼠, 楸皮亦然.《本草綱目》

變鐵爲金法

蜀中有透山根, 草類蘘蕉, 可以變鐵成金. 有人采藥, 誤斫此草, 刀忽成
金. 金英草似馬齒莧, 摸鐵成金, 有大毒, 入人口則盡化爲紫水, 須臾卽
死. 入水銀, 則盡化爲金, 釜煎則釜化爲金.《本草綱目》

造天花粉法

秋冬采瓜蔞根, 去皮寸切, 水浸, 逐日換水, 四五日以無苦味爲度, 取出搗泥, 絹帒濾汁, 澄淸晒乾, 用葛粉菉豆粉亦同.《本草綱目》

染絳法

以茜草染之, 毛骨之物, 蘇木煎汁, 入白礬, 染之, 忌鐵器, 不則色黯, 冬靑葉堪染緋.《本草綱目》

染黃法

鬱金爲上, 槐花未開時, 采取以水煮, 一沸出之, 其稠滓爲餠, 染色更黃鮮, 山礬葉亦可.《本草綱目》

染皂法

椑, 柿之小者, 雖熟, 靑黑色. 搗碎取汁, 謂之柿柒, 可以染罾扇, 橡斗亦可, 烏木亦可. 其木樹高七八尺, 色如水牛角, 作馬靴, 或作筯.《本草綱目》

黃藥子

莖高二三尺, 柔有而節, 似藤非藤, 葉大如拳, 長三寸許, 亦不似桑, 其根長尺許. 外褐內黃赤, 似羊蹄根, 搗爛入藍染(岡+瓦)中, 云易變色.《본초강목》 今似大薺莖, 作灰和之, 此亦其意.

造繩索織草履法

省藤一名紅藤, 生南地深山, 皮赤, 大如指, 堪束物, 片片自解.《本草綱目》浸水, 織草履, 登州人以半乾海帶束物, 棕櫚皮桄榔皮作索, 入水, 千年不腐, 可以作纜.

救酸敗酒法

江東有藤石紫藤, 其皮着樹, 從心重重有皮, 四月生紫花可愛. 長安人植庭, 其子作角, 角中有仁, 熬香着酒中, 令酒不敗. 敗酒中用之, 亦正. 赤

小豆炒入, 亦正.《本草綱目》

作薦法
葎艸乾爲橢扯, 織成薦席, 亦可作馬衣. 如菅-골-, 蓀-부둘-, 菖蒲,
芒-글희영-, 芫曰葱蒲-용향 香蒲-, 無脊蓀曰-줄픠-, 蘮荻曰-
달-, 葵蒢曰-굴-, 又有菀-쎄알-, 織草笠, 生嶺南, 又有造簑笠-
늘-, 柮皮曰山麻, 又有-쟈오락-, 菰-줄-, 三稜蒲-왕고싀-.

豆腐法
始於漢淮南王安, 取大豆水浸磑碎, 以布濾, 絞去滓, 煎成. 或以塩鹵汁,
或山礬葉, 酸漿醋澱, 收之, 布裹成片, 又有缸內入石膏末收者. 大抵得
鹹苦辛酸之物, 皆可收. 其面上凝結者, 揭取晾乾, 名豆腐皮, 入饌甚佳,
如鷄子黃煎料物.

飴糖法
諸穀作之, 皆不如糯粳粟秫造者, 其法, 作飯和麥芽末, 夕釀酒曉出, 則
甘如蜜, 壓取清, 慢火煮時, 不住手攪下, 不爾成粃, 其凝結如琥珀色者,
名膠飴, 牢白者名飴糖.

刀劍不鏽法
用鷺鵜膏塗之, 或菘子油塗之, 或炭末刮磨之.

藏薑去筋法
槽薑入瓶內, 入蟬退少許, 則雖老薑, 無筋, 物性有所伏.

紫色萵苣和土作器, 火煨如銅.

洗衣法
土卵煮汁洗之如玉, 去油汚衣以滑石末鋪之, 以紙隔之, 以熨斗火熨之.

冬瓜白瓤, 謂之瓜練, 白虛如絮, 可以浣練衣服. 皂莢仁澡身面, 去垢而膩.

肥猪法
冬瓜一顆和桐葉, 與猪同食, 一冬更不要與諸物食, 自然不饑, 長三四培. 瓠瓤亦可. 梓楸葉亦用. 豆油粘餅及麻餅亦好.

藉靴履法
絲瓜瓤, 樺皮, 淡竹葉皆宜.

畵絹幀法
以魚膠熔化塗乾. 或芋毛煮汁塗之, 本草所謂石花菜.

接木法
柿接桃爲金桃, 李接桃爲李桃, 梅接桃爲脆桃. 桃樹生虫, 煮猪頭汁澆之卽止, 林檎樹生毛虫, 埋蚕蛾於下, 或以洗魚水澆之.

藏果法
梨與蘿葍, 相間收藏. 或削梨蒂, 種於蘿葍上藏之, 皆可經年不爛. 今北人每於樹上包裹經冬, 乃橘栗欲生收者, 潤沙藏之, 至夏尚如新. 九月霜降後, 苞自裂而子墜者, 乃可久藏, 苞未裂者易腐, 桃李之類, 以生竹筒藏, 亦得.《本草綱目》

打碑法
柚子皮染墨打碑, 可代氊刷, 且不損紙.《本草綱目》

種樹法
銀杏三稜爲雄, 二稜爲雌, 須雌雄同種, 其樹相望, 乃可結實. 或雌樹臨水亦可, 或鑿一孔, 納雄木一塊, 泥之亦結.《本草綱目》

銅黃

廣志云, 岳鄂州等, 有海藤花, 有藥散落石上, 彼人收之, 謂之沙黃, 就樹采者輕妙, 謂之臘黃, 今人訛爲銅黃, 銅藤音謬, 其實藤黃也, 與石淚采之無異, 畫家及丹竈家, 時用之. 今畫家所用藤黃, 皆經煉成者, 舐之麻人. 我國又訛爲桃黃, 可笑. 眞臘國有畫黃, 乃樹脂. 番人以刀斫樹枝滴下, 次年收之, 此乃眞銅黃耳.《本草綱目》

辨畫家繪采法

空靑生益州越嶲有銅處, 銅精熏而生. 其腹中空, 能化銅鐵鉛錫作金. 多充畫色, 可惜. 方家以藥塗銅物, 生靑刮下, 僞作空靑, 終是銅靑, 非石綠之得道者.《本草綱目》

曾靑但出有銅處, 年古卽生, 形如黃連相綴, 又如蚯蚓屎. 方稜, 色深如波斯靑黛. 打之有金聲, 塗鐵, 色赤如銅.《本草綱目》

綠靑一名石綠, 一名大綠, 用畫綠色者, 亦出空靑中相挾帶. 畫工呼爲碧靑, 卽扁靑, 乃石綠也. 其色黑綠者佳, 有大塊, 其中白花紋可愛, 人琢爲腰帶器物及婦人服飾. 有銅處, 質如石者, 名石綠, 脆爛如碎土者, 名泥綠. 大明會典, 靑綠石礦, 淘淨綠十一兩四戔, 暗色綠每礦一斤, 淘淨十兩八戔, 硇砂一斤, 燒造硇砂綠十五兩五戔.《本草綱目》·《大明會典》

大靑卽石靑, 一名扁靑. 其形或如大拳, 其色靑, 或片塊小而色佳, 或形扁而色淺. 繪畫家用之, 其色靑翠不渝. 今貨石靑者, 有天靑·大靑·西夷回回靑·佛頭靑. 大抵今之色淺者, 謂之三靑, 深者謂之二靑, 而回靑尤貴其中. 又具爛靑, 銀匠家鎔鍍簪釵, 盖亦一類.《本草綱目》

李時珍曰, 白者卽石靑之屬, 色深者爲石靑, 淡者爲碧靑, 然則我國之二三靑, 疑此也, 淮南子云, 白靑得鐵, 卽化爲銅, 以此試之, 自可破疑.《本草綱目》

欖糖法

南州閩廣有樹, 似無患子木, 高而端直, 峻不可梯, 但刻根下方寸許, 納鹽入內, 子皆落, 木亦無損, 其枝節間有脂如桃膠, 南人取采, 和皮葉煎,汁熱如黑餳, 謂之欖糖, 用泥船隙, 牢如膠漆, 着水益乾, 亦和合香料, 甚清烈. 曾見南舶飄到南桃浦, 舶中多載, 而我人莫識, 誤以爲漆, 陽陰與火, 皆不乾云, 其無知識如此, 彼人雜以牛皮膠者, 不佳.《本草綱目》

柔金法
黃金淂餘甘子則體柔, 其形橄欖之別種也. 乳香以韭實葱蒜煨伏成汁, 最柔五金, 故乳香啞銅.《本草綱目》

洗鑷法
以荷梗煎湯洗去, 垢自去如新.《本草綱目》

制銅爲金法
以烏芋汁同搗爲鍍金狀, 盖土金也. 今與錢同, 嚼則毀可見.《本草綱目》

造水桶法
以杉木板爲之, 年久不腐, 江南棺板船材屋柱甚耐水, 其木不生白蟻, 燒灰爲發火藥.《本草綱目》

煎韶腦法
用樟木新者切片, 以井水浸三日三夜, 入鍋煎之, 柳木頻攪, 待汁減半, 柳上有白霜, 卽瀘去滓, 傾汁入瓦盆內, 經宿, 自然結成塊, 他處雖有, 不解取腦.《本草綱目》
鍊法, 用銅盆, 以陳壁土爲粉糝之, 却糝樟腦一重, 又糝壁土, 如此五六重, 以薄荷安土上, 用一盆覆之, 黃泥封固, 於火上款款炙之, 須以意度之, 不可太過不及, 勿令走氣, 候冷取出, 則腦皆升于上盆, 如此升兩三次, 可充片腦.《本草綱目》

驗試漆法
收漆時, 以竹筒釘入木中取汁, 又以剛斧斫其皮, 間以竹管承之滴汁則成

漆, 以物蘸起, 細而不斷, 斷而急收, 塗于乾竹上, 蔭之, 速乾者佳. 被指
而不脫, 以荏油洗之, 漆得油而脫, 金得繭綿而不粘, 理不可知. 被毒者
以蟹黃解之, 又一種漆樹似小榎而大. 六月取汁漆物, 黃澤如金, 卽今黃
漆也.《本草綱目》

桐油法
早春先開淡紅花, 狀如鼓子花, 成筒子, 子可作油, 人多僞之, 惟以竹篾
圈蘸起, 如鼓面者爲眞.

皂莢不結實者, 樹鑿一孔, 入生鐵三五斤, 泥封之, 卽結莢. 以鐵砧槌皂
莢卽自損. 鐵碾碾之, 久則成孔, 鐵鍋爨之, 多爆片落, 豈皂莢與鐵有感
召之理歟.

面脂法
無患子, 皂莢子, 菜豆粉, 天花粉, 蜀水花, 鸕鷀屎石上自乾者. 鷄子三
枚, 酒浸, 密封四七日, 每夜取白傅面, 白如雪.

洗眞珠法
以無患子仁煎湯洗.

行船法
波斯人將訶子·大腹子等, 在舶上用防不虞, 或遇大魚放涎滑, 水中數里
船不能通, 乃煮此, 洗其涎滑尋化爲水, 今人以魚油滴之, 亦淸阿膠亦好,
而難得.

粘瓦石法
楡皮濕搗如糊, 用粘瓦石極有力, 汴洛人以石爲碓嘴, 用此膠之.

造器具法

石楠木. 綵木, 我國謂文檜. 花櫚有文, 色赤, 性堅好, 我東訛爲花枏. 桄
榔木, 如竹, 紫黑色, 有文理, 可作博奕局, 剛利如鐵, 故可作釵鋤, 番人
用代鐵鎗, 鋒鋩甚利. 棕櫚板亦好. 皮絲可作箒. 桐板亦好. 桑木可作弓
幹, 其木以構接則大, 根下埋龜甲則不蛀. 柘木裡可爲器, 以酒醋調礦灰
塗之, 一宿則作間道烏木紋. 棗木可爲車軸·匙筯. 冬靑木肌白有文, 作
象齒笏. 鮫魚皮, 可飾刀靶, 又治骨角.

染褐

桑皮煮汁染之, 久不落, 又有柘染黃赤色, 謂之柘黃, 天子所服.《本草綱
目》

沾物法

構木膠, 能合朱砂爲團, 故名五金膠漆, 此汁最粘, 今人用粘金薄, 古法,
粘經書, 以楮樹汁和白及·飛麵調糊接紙, 永不脫解.
枸骨樹似櫨, 木理白滑, 可旋爲器, 取其皮作膏以粘鳥雀, 謂之粘黐. 鷄
子白和白礬末粘磁器, 甚固, 中國人石碾牡鐵脫出, 以石礬溶汁灌之, 待
凝甚固.《本草綱目》

染絲法

取鼠梨子染, 其木生路邊, 實若五味子, 紫黑色, 至秋葉落, 子尙在枝, 疑
今之芑藦也. 其皮染絲, 舖地則人踏之而裏面綠色, 知其性沈下也.

造琥珀法

煮靑魚魟作之, 或(卵+段)鷄子煮而作之.
余家有鷄卵于灶口, 奴人不知而爨之, 忽聞有砲聲, 炸出一物, 開看之卽
一琥珀塊也.

震燒木擊鳥影, 其鳥必自落. 方士以此木取刻符印, 以召鬼神, 掛門戶,

大服火灾.《本草綱目》

船中所用法

薏苡塗窓, 不徹而堅. 漏處刮竹茹補之, 或以蔴筋和油石灰塗之. 南人以
攬糖沃之. 海豚多膏, 和石灰鯰船.《本草綱目》

試蜜眞假

凡蜂作蜜, 皆須人小便以養諸花, 乃得和熟, 狀似作飴. 以燒紅火筋挿入
提出, 起氣是眞, 起烟是假. 今人欲其色白, 以小便合和, 以柳木揚之百
遍, 泡起浮沫, 色雖白, 如黑飴而爲白, 水和服之, 末端有小便臭, 人巧無
據, 或以黑飴不堪入藥.《本草綱目》

白蠟法

取黃蠟削之, 於夏月暴百遍則白, 卒用, 則烊水中十餘次則亦白, 然皆假
也. 眞白蠟則其虫食冬靑樹汁, 化爲白脂, 粘付樹枝, 至秋則刮取, 水煮
熔, 濾置冷水中, 則凝聚成塊, 碎之則文理如石膏, 和油燒燭, 或塗石物,
久不生徽苔. 其子如蟻虱, 乃結苞於枝, 宛若樹之結實, 其卵也呼爲蠟種,
立夏日, 以箬葉包之, 分繫各樹, 苞折卵化, 延出葉底, 上樹作蠟, 樹下潔
淨以防虫蟻.《本草綱目》

紫礦法

蟻於海畔麒麟樹皮上, 如蜂造蜜, 可以染色, 造綿臙脂, 用補骨角缺處,
生於葉者爲紫礦, 今刀匠用補骨角玉石有隙也, 樹汁煮出者爲血竭.《本
草綱目》

五倍子法

生於膚木葉上, 虫所造也, 虫食其汁, 老則遺種, 結小毬於葉間, 初結甚
小, 漸長大如拳, 其殼堅脆, 其中空, 有細虫如蟻蠛, 山人霜降前, 采取蒸
殺, 否則虫必穿窠而殼薄, 皮工造爲百藥煎, 以染皂色, 此爲皂礬皮.《本

草綱目》

還錢法

青蚨虫如蟬, 其子着木, 以其子母各等置瓮中, 埋東行垣下, 三日開之, 卽相從, 以母血塗八十一錢, 子血塗八十一錢, 留子用母, 留母用子, 朝用夜歸.《本草綱目》

醫生蛆, 以草烏切片投之.《本草綱目》

辟壁虱蚤虱法

壁虱卽臭虫, 如山召仁, 咂人血, 爲床榻之害, 古人多于席下置雄, 射, 菖蒲, 朔翟, 蓼木, 或燒木瓜烟, 黃栢, 牛角, 馬蹄以辟之, 虱以水銀塗之絶.《本草綱目》

辨鯉魚法

其脇鱗一道, 從頭至尾, 無大小, 皆三十六鱗, 每鱗有小黑點. 至陰之物, 故陰極則陽復, 爲九九八十一鱗, 又能神變, 能飛越江湖.《本草綱目》

石首魚

腹中白鰾, 可作膠, 每四月, 來自海洋, 綿亘數里, 其聲如雷. 海人以竹筒探水底, 聞其聲乃下網, 截流取之, 初水來者甚佳, 二水三水來者, 魚小味減.《本草綱目》

勒魚

狀如鰣魚, 小首細鱗, 腹下有硬刺, 如鰣魚之刺, 頭上有骨, 合之如鶴喙, 吳人美之. 醃瓜生者, 用其骨挿蒂上, 一夜便熟, 鯗骨亦然.《本草綱目》

辨鯽魚法

狀若鯉, 寬大者卽鯽魚, 狹小者是鰤. 凡魚在水中, 無一息之停, 故皆屬

於火. 尾曰丙, 魷曰丁, 腸曰乙, 但食泥土而不動, 故有調胃之功, 鯔魚亦
然.《本草綱目》

辟蚊蠹法

鰻鱺魚骨燒之, 蚊化爲水, 熏氈及屋舍竹木, 斷蛇虫. 置衣籠中, 辟蠹. 芸
草置冊中, 不蠹, 或曰芸木也.《本草綱目》

海上占風法

海豚形如豚, 鼻在腦上, 作聲噴水. 候風潮, 出沒, 謂之拜風.《本草綱目》

烏賊魚

腹中墨, 可以書字, 但逾年則跡滅, 惟存空紙. 古之奸民作文劵以誑人,
爲訟官者不可不知. 白礬汁亦然, 但浸水則知, 烏賊之僞書, 乃浸塩汁,
則可知.《本草綱目》

海鷂魚

卽我東之洪魚也. 尾有刺有大毒, 候人尿處釘之, 令人陰腫疼, 拔去卽愈,
未知然否.《本草綱目》

辨魚鰾法

諸魚之鰾, 皆可爲膠, 而惟石首魚鰾, 粘物甚固, 此乃工匠日用之物, 而
古方記籍多略. 盖卽今民魚鰾盛用, 而石首鰾罕用, 疑今之民魚, 古之石
首魚耶. 頭有石子, 民魚亦然.《本草綱目》

辨龜法

龜之直中文, 名曰千里, 其首之橫文第一級左右有斜理, 皆接乎千里者,
龜王也. 他龜則無也.
龜老則神, 至八百年, 反大如錢, 夏則游於香荷, 冬則藏於藕節, 其息有
黑氣如煤煙, 在荷心, 狀甚分明, 人見此, 勿輒驚動, 潛含油管噀之, 卽不

能逃形矣. 至神之物, 聞鐵聲則伏被, 蚊咬則死, 香油抹眼則入水不沉, 物理制伏耶.《本草綱目》

取龜尿法

取置龜瓦盆中, 以鏡照之. 龜見其影, 淫發失尿. 又以紙撚火點其尻, 亦失尿. 但稍緩. 今人以猪鬃或松葉刺鼻孔, 卽尿出, 更簡便. 尿磨磁器, 能令軟, 磨墨書石, 能入數分. 置龜於蓮葉上, 自然遺溺.《本草綱目》

取玳瑁法

取玳瑁, 倒懸其身, 用滾醋潑之, 其甲逐片應手落. 煮柔作器, 治以鮫魚皮, 瑩以枯木葉, 卽光輝. 凡遇飲食, 若有毒則必自搖動, 死者則無神. 今人多用雜龜筒作器皿, 皆殺取, 又經煮拍, 故靈驗無如生者.《本草綱目》

取鱉法

鱉卵生思抱. 其狀隨日影而轉. 在水中, 上必有浮沫, 名鱉津, 以此取之. 今有呼鱉者, 作聲撫掌, 望津而取, 百不一失.《本草綱目》

集鼠法

取蟹, 以黑犬血灌之, 燒三日, 諸鼠畢至.
蘇頌曰, 其螯燒之, 集鼠於庭.《本草綱目》

食蟹法

生烹, 鹽藏, 糟收, 酒浸, 醬汁浸, 皆爲佳品, 而易沙, 見燈影亦沙, 得椒易膩, 得白芷則黃不散, 得皂莢·蒜及韶粉, 可免沙膩, 得五味子及葱同煮, 色不變.

發香法

鱟殼入香, 最發香氣. 甲香如拳如甌, 長數寸, 圍殼岨峿有刺, 其甲獨燒則臭, 雜衆香燒之, 極香, 今合香用.《本草綱目》

泥釜法

以蠣房作泥塗之, 耐水火, 不破漏, 燒灰粉壁砌墙, 煮鹽家用之. 蚌粉亦可作灰印成錠市之, 亦可塗墓礦墻壁. 如今用石灰. 蚌乃蛤類, 比蛤稍長. 馬刀・蚌・蛤・蠣・蜆, 大同小異.《本草綱目》

採眞珠法

蜑人以長繩繫腰, 携籃入水, 而拾蚌入籃卽振繩, 令舟人急取之. 若有一線血浮水, 則藏魚腹矣.《本草綱目》

鑽珠

用金剛鑽, 其形如木麥有稜, 以鐵椎椎之不碎, 惟羚羊角擊之碎. 若覺鈍, 煅赤取冷之則尖制.《本草綱目》

養珍珠法

取無孔生珠, 以小麥麵包裹, 藏之久則珠上生小珠, 漸長如粟, 久而自落, 余所經驗.

滿盃不溢法

車渠作盃, 注酒滿過, 一分不溢, 試之果然. 獺胆塗杯唇, 但不溢, 無分盃.《本草綱目》

紫貝

質白文紫, 光彩煥爛, 家取以砑物.《本草綱目》

食紅蛤法

常時燒食卽苦, 與小米先煮, 熟後去毛, 再入蘿蔔紫蘇冬瓜, 甚妙.《本草綱目》

燒甲香法

甲香一斤, 以泔斗半, 微火煮一伏時, 換泔再煮, 凡二換漉出, 衆手刮去香
上涎物, 以白米三合水一斗, 微火煮乾, 又以蜜三合水一斗, 煮三伏時, 乃
以炭火燒地令熱, 洒酒令潤, 鋪香於上, 以新瓦盖上一伏時, 待冷硬, 石臼
杵搗, 入沈香三兩, 射一分, 和搗印成, 以瓶貯之, 埋道, 經久方燒, 凡燒
此香, 須用大火爐, 多着熱灰剛炭, 猛燒令盡去之, 爐旁着火煖水, 卽香不
散, 善能管香烟, 與沈檀龍射香用之尤佳, 亦曰甲煎.《本草綱目》

鴨卵法

淸明後生卵, 則內陷不滿, 伏卵聞礱磨聲, 則(卵+段)而不成, 無雌抱伏,
以牛屎嫗而出之.《本草綱目》

養蠶法

養蠶時, 人食苦蕒菜, 則令蠶口吐靑沫而爛. 今人不食葵羹, 此菜必五六
回拗而食之故也.《本草綱目》

捕魚法

有網有釣有毒法, 而漁舟糜畜數十鸕鶿, 令其捕魚, 其形如烏, 長喙微曲,
故烏鬼. 漁舟水獺捕魚甚捷.《本草綱目》

女人首飾

用貝子魚狗鳥尾.

黃昏鷄獨啼者, 主有天恩, 謂之盜啼. 老鷄能人言, 牝鷄能雄鳴, 雄鷄生
卵, 並殺之卽已. 俚人畜鷄無雄, 卽以鷄卵告灶而伏出之. 南人畵墨煮熟,
驗其黃, 以卜吉凶, 又以鷄骨占秊.《本草綱目》

呼風法

五酉日, 以白鷄左翅燒灰揚之, 風立至, 以黑犬皮毛燒灰揚之, 風立止.

《本草綱目》

銀變金法

煮鷄子白, 合銀口含, 須臾色如金.《本草綱目》

隱形法

八月晦日夜半, 面北吞烏鷄子一枚, 有事可隱形. 通草, 桂和狗膽, 丸服,
牛膽塗桂, 能變亂人形. 虎血, 鷄血和, 而生草, 移形易貌.《本草綱目》

解頭髮垢脂法

鷄子白塗之, 少頃洗去, 光澤不燥.《本草綱目》

胡燕巢長, 容二匹絹者, 令人家富. 凡狐貉之皮, 見燕則毛脫, 物理使然.
《本草綱目》

鵲腦鵰雄各一, 道中燒之, 丙寅日入酒中飮之, 令人相思. 又媚藥方中, 亦
有用者. 辨雌雄法, 其翼左覆右者是雄, 右覆左者是鵰, 又燒毛作屑, 納水
中沈者是鵰, 浮者是雄. 其巢燒灰撒門內, 辟盜, 正旦日, 必撒之.《本草綱
目》

相鷹法

二周作鷧, 三歲成蒼, 雌則體大, 雄則形小, 生于窟者好眠, 巢于木者常
立, 雙骹長者起遲, 六翮短者飛急.《本草綱目》

逐鵩法

書十日之號, 十二支之號, 十二辰之號, 十二歲之號, 二十有八宿之號,
懸其巢則去. 梟鳴, 則以甋瓦投之, 則止.《本草綱目》

狗肝和土作泥, 泥灶, 婦妾孝順.《本草綱目》

烹羊法

杏仁或瓦片則易糜, 以胡桃則不燥. 銅器煮之, 男子損陽, 女子暴下. 脛骨灰磨鏡, 頭骨灰消鐵.《本草綱目》

長髮法

羊屎納鯽魚腹中, 瓦缶固濟, 燒灰塗髮, 易生而黑, 和雁肪塗之, 亦良. 粟米泔酸者, 頻沐亦良.《本草綱目》

牛膽

塗熱釜, 釜卽鳴, 蛙得牛膽, 則不鳴.《本草綱目》

硇砂

亦硝石之類, 乃鹵液所結, 如鹽塊, 以白淨者良. 黝鑵盛懸火上則常乾, 或加乾薑同收. 若近冷得濕, 卽化爲水, 或滲失也. 能鋅金, 又能柔五金八石, 金銀有僞物, 投硇砂鍋中, 僞物盡消化. 取鷄子白一箇, 入金花臙脂, 硇砂少許, 紙封, 與鷄抱, 出取汁, 塗面洗之, 半年不落紅.《本草綱目》

柔五金法

駝脂蝟脂焊鐵中, 入少水銀, 則柔如鉛錫, 磁石亦焗金, 硝石亦然.《本草綱目》

酥酪法

牛乳半杓鍋內炒過, 入餘乳, 熬數十沸, 常以杓縱橫攪之, 乃傾出罐盛待冷, 探取浮皮以爲酥, 入舊酪少許, 紙封放之, 卽成酪. 又法, 以酥浮皮再煎油出去渣, 入在鍋內, 卽成酥, 酥之精液, 爲醍醐, 性滑, 諸物皆透, 惟鷄子殼胡盧盛之不出.《本草綱目》

辟虎法

虎食狗則醉, 狗乃虎之酒也, 聞羊角烟則走, 食其肉入山, 虎見畏之, 威

骨如乙字, 長一寸, 在胸兩傍, 尾端亦有之, 帶之則令人有威, 臨官帶之佳, 無官則爲人所憎.《本草綱目》

捕熊法

熊性惡鹽, 食之卽死, 性惡穢物, 及傷殘, 捕者置此物于穴, 則合穴自死, 或爲棘刺所傷, 爪至骨而死.《本草綱目》

采射香法

麝似獐而少, 黑色, 常食栢葉, 又噉蛇. 其香在陰莖前皮內, 別膜裛裹之. 五月得香, 往往有蛇皮骨, 今人以蛇蛻裹香, 云彌香, 是相使也. 夏月食蛇虫多, 至寒香滿, 入春腸內急痛, 自以爪剔出, 着屎溺中覆之, 常在一處不移, 故人采之, 人以是候之. 其性絶愛其臍, 爲人逐急, 卽投岩擧爪剔裂其香, 就縶而死, 猶拱四足保其臍, 貨者雜以餘物, 以皮膜裹之, 分作三四子.《本草綱目》

相貓法

以尾長腰短, 目如金銀, 及上腭多稜者良, 其晴占時, 其鼻端常冷, 唯夏至一日則煖, 性畏寒, 不畏暑, 劃地卜食, 隨月旬上下, 嚙鼠首尾, 皆與虎同, 陰類之相符如此. 俗傳貓無牡, 但以竹箒掃背數次則孕, 或用斗覆貓於灶前, 以刷箒頭擊斗, 祝灶神而求之亦孕, 此與鷄子祝灶而抱雛者相同, 有病, 以烏藥水灌之. 死貓引竹, 薄荷醉貓, 物類相感然耳. 中原人往往斷去尾端, 云善獵.《本草綱目》

知風潮法

海牛海獺海驢等皮, 雖在陸地, 候風潮, 則猶能毛起, 硯滴亦然.《本草綱目》

毒鼠法

狼毒砒䃃之屬, 鼠食卽死. 狐目塞穴, 荷梗塞穴, 又取.

捕黃鼠法

黃鼠秋冬收草實以禦冬, 各爲小窖, 別而儲之, 村民以水灌穴而捕之.《本草綱目》

辟馬瘟法

馬廐畜母猴, 其獸逐月有天癸, 流于艸上, 馬食之, 無疾. 狼尾黟槽下, 不驚.《本草綱目》

捕猩猩取血法

其形如猴, 長髮, 頭顔端, 聲如兒啼, 亦如犬吠, 成群伏行, 俚人以酒及草屨置道側, 猩猩見而呼人祖先姓名, 罵之而去, 頃復相與嘗酒着屨, 設機捕之, 檻而養之, 將烹, 推其肥者, 泣而遣之. 西胡以其血染毛罽不黷. 刺毛必箠而問其數, 至一斗乃已.《本草綱目》

馴猴法

性躁動害物畜之者, 使之上杙鞭搭, 旬月乃馴.《本草綱目》

捕象法

南人多設機穽而陷之, 以雌象爲媒誘獲之. 飼而狎之, 久則漸解人語, 使象奴牧之, 制之以鉤, 一身有十二肖肉, 朝鉤成創, 見星則合, 皮可作甲輓鼓, 牙可作笏飾床, 每蛻牙埋之, 以木牙潛易之, 其膽春在前左足, 夏前右足, 秋後左足, 冬後右足. 惟一身無長毛, 今所謂象毛, 乃牝象之尾, 其尾最長, 大如斗, 亦自愛護草木, 鉤之而不動, 人取以茜染以爲旋旄纓毛.《本草綱目》

捕犀法

水中有牛, 樂聞絲竹聲. 彼人動樂, 則牛出而聽, 乃潛采之.《本草綱目》

辨犀角眞僞法者

西番南番滇南交州諸處, 有山犀·水犀·兕犀三種, 又有毛犀似之, 山犀居山林, 人多得之, 水犀出入水中, 最爲難得, 並有二角, 鼻角長而額角短, 水犀皮有珠甲, 而山犀無之. 兕犀卽犀之牝者. 亦曰沙牛, 止有一角在頂, 文理細膩, 斑白分明, 不可入藥, 盖牯角紋大, 悖角紋細也. 洪武初九眞曾貢之, 謂之獨角犀, 疑此也. 紋如魚子形, 謂之粟紋, 紋中有眼, 謂之粟眼, 黑中有黃花者, 爲正透, 黃中有黑花者, 爲倒透, 花中復有花者, 爲重透, 並名通犀, 乃上品也. 花如椒豆斑者次之. 烏犀純黑無花者, 爲下品. 角甚長而黃黑相間, 無粟紋, 其理似竹, 但可製弓極勁, 彼人以僞犀角.《本草綱目》

采熊膽法

春近首, 夏在腹, 秋在左足, 冬在右足.《本草綱目》

月水

扶南國有奇術, 能令刀斫不入, 惟以月水塗刀便死, 此穢液壞人眞氣, 故合藥, 忌觸之.《本草綱目》

辟果樹上烏鳥法

生人頭髮掛樹上, 烏鳥不敢來.《本草綱目》

香飛露法

沈香·白檀·丁香·零陵·三乃子各一兩, 小腦三錢, 射香一錢, 右爲末, 皂角末五兩, 黑糖二兩, 溶化和香末, 作丸洗之.

清遠香

沈束二兩, 白檀一兩, 丁香·三乃子·艾蒳香·黃烟黑香·欖糖·蘇合油·安息香·蜂蜜·熔硝各五錢, 龍腦·射香各一錢, 白芨三兩, 右七料爲末, 分兩包, 取銚子, 安於火上, 入欖·蘇·安·蜜四味熔化, 放令微溫, 乃入一包香末腦·麝·硝攪, 令十分和勻, 用一包乾末糝之手, 塗擦竹心上, 陰乾燒之, 此乃中朝傳習方也.

造綠甂法

馬牙石一百兩－버석츳돌－, 用火燒紅, 開取出陰三天, 去爆性, 用石槽, 鐵碾硏碎羅過, 用手漂淨洒乾則成粉. －疑今之石灰. －

上等鉛二十五兩, 用水鐵淺鍋炒煉, 入石槽, 鐵碾硏成碎片, 再入鍋炒煉, 再入槽碾硏成碎片, 如此五六次, 則酥成粉矣.

上等石綠二十五兩, 用石槽, 硏碎羅過, 用水漂淨, 入鍋煮沸, 去浮沫, 煮二三次, 成泥, 將馬牙石糆, 對在一處, 再將鉛粉, 對在一處, 三樣配合一處, 用火熬煉, 如蜜汁一樣則成矣, 其法在下.

瓦片以西山內的靑土硏碎羅過, 成糆造了, 微日晒乾, 將銷掛上, 入窯燒之, 看白烟出後, 靑烟出時, 將窯閉了, 四五天後, 窯冷, 開了取出則成矣. －疑今之靑陶土.－

鉛成粉後, 再煉成水, 將馬牙石糆, 對在一處, 炒乾, 入大沙礶, 用炭, 將風箱煽開, 將礶下在火內, 用沙盖盖了, 大火煽開則成汁水一樣, 然後入綠粉熬煉, 以鐵杖攪之, 看火候熬煉, 如蜜汁一樣, 則成銷. －卽今銀匠家所用貝卵.－

以鐵杓啗出, 放在淨石槽內, 見風則硬卽成塊, 用時將銷打碎, 硏成細末羅過, 用手淘之, 去白石, 將水三四次去淨擦在瓦片上, 陽乾, 入窯燒之, 看白烟出後, 靑烟出時, 將窯閉了, 四五天, 窯冷出之－啗乘熱急挹出之貌.－

瓦片, 以靑土硏碎羅過, 入甂池, 將水合成, 計將水退去, 一二天, 成泥做了, 陽乾, 將銷擦上如法.

靑土如滑石而色靑黑者, 山上有之, 一名乾滋土, 朱砂土亦好.

一方, 乾滋土硏碎, 用紗篩, 篩過收貯. 如染石煅出, 則白石類也, 上品銅綠硏碎, 用絹篩篩淨收貯.

將乾滋土, 用淨水調和, 照舊瓦尺寸, 做成瓦式, 曬三日後, 如瓦片乾燥, 入窯. 如三日不能乾燥, 復將泥瓦再曬三日. 入在窯內, 用棍柴燒, 一日一夜, 停火, 等窯內溫冷, 取出. 將燒瓦片, 用砂石打, 先用篩淨銅綠, 與桐油合在一處, 用碰子研成一塊, 再將桐油, 放上調勻, 擦上瓦上, 仍放入窯內, 又用棍柴, 再燒一日一夜, 待窯內溫和, 開窯取出, 卽成綠瓦矣.

造甋法

將無沙細嫩土, 和水, 納甋池, 用木盖子, 當地盖壓, 則水從下去成泥, 然後次舖木板其上, 先以細沙微洒, 安簁子納泥平均, 以泥鏝斂整, 又以細沙微洒于上面及東南西北後, 晒乾.

造甋池, 其法, 掘地一間四分之一許, 高可四五寸, 四隅方正, 以甋舖下面及四圍.

造木板, 其法, 如我國木釜盖而方正, 大小依甋池而造, 其上有鼻, 以便使用.

造窯. 依岸作窯, 圍以築甋片, 底廣上窄, 外加厚土, 極牢實, 作雲門. 窯內分三分之二, 築坑, 高可針尺餘, 留一分爲燒柴受灰之地, 窯上又作一小門, 堅塞, 燒完後開, 此門取甋用之.

裝甋燒甋, 其法, 將曬乾甋, 裝于炕上, 底則直裝, 上則橫裝, 而或接三片, 或接二片, 裝上完了後, 盖土其上, 厚可二寸許. 燒時, 雲門內又作一小門, 作四孔, 燒自上孔, 灰則自下兩孔間出, 中有兩小孔, 以爲引風之地, 而風多則當之. 自晝至夜, 燒柴不止, 以烟爲限, 白烟出後, 靑烟出, 則退火, 卽塞烟門. 周看窯外, 若有烟漏處, 則以泥土隨烟隨塞烟孔, 以防風進. 凡甋之生熟不等, 皆由於不勤風之致也. 退火第二日, 倒水其上, 限以一千張二十桶水爲例. 過十數日後, 從土門揭起取來, 烟洞則或三或二, 自下直通於窯上矣.

凡燒具, 秫稭爲上, 棍柴爲次云.

余屢赴燕見之, 一如此制, 而曠野無柴, 先以郊草成稭, 後以此燒, 亦得此法. 李樞以漂漢人領送北京, 其時正當燒甋, 故學得於甋匠以來.

燒綠瓦所用桐油, 河南人萬姓者載漕運到通州, 云, "俺等以桐油和石灰, 鹼船隙, 藏米不用㑽, 此桐木實如郁李仁大, 曾於你國之外高麗漂到, 則滿木皆桐實云. 九月望間, 到泊通州, 二十三日間發船回還, 伊時皇曆之行, 若送紫金丁, 則俺等當以桐實及畫器燔造之法, 修書謝之, 又云畫器所繪，非回回青乃他物，如回回青者珍貴之物，豈可遍於窮村貧屋乎．磁器，作坯乾正後，以銅綠或銀絲微微畵界，以青塡之，灰汁沃之云．”我國砂器所，或以回回靑燔出，皆是漫漶不爲分明，萬姓人之言似或信然，李樞云，“中國人稱濟州曰外高麗，琉球國人見我國人漂到必問之，若云在朝鮮則給與衣粮護送，稱在濟州則輒殺之，以其曾有嫌仇也．”

鍍金法

先將金片搥成薄，薄片隨意截片後，又將陶器片，以朱土色作泥，攤其上，又作圈四圍後，鋪金片，更鋪朱土，又鋪金片，如右數三層，後鋪朱土如蒸糕之狀，於灶口熾炭，安陶片，又以加炭火於其上，以扇扇之，令火力猛，則土塊通紅，乃取出金片．添水銀，入坩，再煆，待金溶化後，以厚紙摺作如僧人布弁之狀，灌金汞其中，則水銀漏出，乃傾金屑於磁器中則嫩白如粉，更以塩擦摩銀質．浸之以五味子水汁，以柳木造小摠子如楊齒狀，摻金屑，掛上銀質，更煆取出，則成金色，以犬牙硏而潤色，又以鐵絲作馬省狀，先刷後鍍金云．

貝卵法

取銪搥磨爲末於器中，以鐵摠子挹取，置當的處，煆出則成金色．綠色石綠，碧色則二三靑，紅色則朱砂，黃色則雌黃，爲銪意度以石類和之，乃成銪，如朱紅銅黃三綠以氣成者燔之，則氣散而失本色．
愚曾聞磁器及誌石燔造時，難得回回靑，以墨或朱紅畵，燔則皆無本色，惟石澗朱乃石類，故稍有色，如紅燒酒，還燒酒則白，其理可推，－造銪法，見上綠瓦法－卽今銀匠家，取市上所賣燔造假珠，鎔以成汁，鍍以煆之，卽成各樣色．

造眼鏡法

報國澄和尙患眼疾二年，服祛風淸熱藥過多，致耳聾，嘈嘈而止，大便常苦燥結，近來右眼上有微瞖，見燈火則大如斗，視月光則小如螢，嘗詢諸方家，則俱莫能解，因以質之石頑，石頑曰，此水虧而陰火用事也．試以

格物之理論之, 如西洋國玻璃眼鏡, 人但知宜於老人, 而不知原爲望氣者
設, 其最精者, 咸以十二鏡編十二支爲一套, 無論老少, 其間必有一者,
能察秋毫, 則知人眼有十二種偏勝, 故造眼鏡者, 亦以十二等鉛料配之,
取鉛以助陰精, 料以助陽氣也. 少年氣血本旺, 原無藉此, 若鉛料之輕重,
與眼之偏勝不相當, 則淂之反加障礙矣.

老人氣血皆衰, 但借此以籠住其光, 不使散漫, 不必論其鉛料之孰重孰輕
也. 卽如所言視月光甚小者, 月乃至陰之精, 眞水內涸, 不能泛濫其光,
所以視之甚小, 設加之鉛重, 則視月必大矣. 見燈火甚大者, 燈本燃膏之
焰, 專擾乎陰, 不能勝其炸爍, 所以見之甚大. 設加之以料重者, 燈火必
愈大矣. 合脉參証, 知爲平昔勞傷心脾, 火土二臟過燥, 幷傷腎水眞陰也.
遂踈天王補心丹與之. 他如中翰徐燕, 及日光則昏迷如蒙, 見燈火則精彩
倍常, 此平昔恒勞心腎, 上盛下虛所致. 蓋上盛則五志聚於心包, 暗侮其
君, 如權黨在位, 蒙蔽九重. 下虛則相火失職, 不能司明察之令, 得燈燭
相助其力, 是以精彩勝於常時, 此與嬰兒胎寒夜啼, 見火則止之義不殊,
未知專司眼科者, 能悉此義否. - 事出明張潞醫通. 《張氏醫通》

造印朱法

倭朱紅一兩, - 水飛四五次, 極精極細收用. - 萆麻油三戔, - 不雜他油, 取
眞品用之. 取油法, 萆麻子火炒後壓取, 則甚重濁多滓, 必於熱火上煎熬,
則浮上之渣滓, 盡爲焦黑, 自然輕淸, 如眞油矣. - 以上二物和合後, 以流
出數三日千萬擂.

唐壽老草七分, 壽老草卽唐艾葉, 而多軟粉不堪用. 必於淸水洗滌數十
遍, 洗卽晒, 晒卽洗. 洗時必於細篩濾過, 則自然如造紙之形, 極精潔瑩
白後取用, 以剪子無數剪裁細切如到, 必爲成粉.

右一物和上二物, 又以流出亂攪千遍後, 取小磁白器一介收貯, 蠟紙緊封
缸口, 又以砂燈盞一箇覆上, 不容些少塵穢通於罅隙後, 掘地數尺, 無水
處埋之, 限三朔後取用, 則品極精美, 打紙不潰, 色必潤澤, 雖中朝及倭
國所造者, 必不讓頭品格矣.

謏聞事說 完

소문사설, 조선의 실용지식 연구노트

이시필 지음| 백승호 부유섭 장유승 옮김

1판 1쇄 발행일 2011년 2월 7일
1판 2쇄 발행일 2011년 3월 21일

발행인 | 김학원
편집인 | 선완규
경영인 | 이상용
편집장 | 위원석 정미영 최세정 황서현
기획 | 나희영 임은선 박인철 김은영 박정선 김희은 김서연 정다이
디자인 | 김태형 유주현
마케팅 | 하석진 김창규
저자 · 독자 서비스 | 조다영 함주미(humanist@humanistbooks.com)
스캔 · 출력 | 이희수 com.
조판 | 홍영사
용지 | 화인페이퍼
인쇄 | 청아문화사
제본 | 정민제본

발행처 | (주)휴머니스트 출판그룹
출판등록 | 제313-2007-000007호(2007년 1월 5일)
주소 | (121-869) 서울시 마포구 연남동 564-40
전화 | 02-335-4422 팩스 | 02-334-3427
홈페이지 | www.humanistbooks.com

ⓒ 백승호 부유섭 장유승 2011

ISBN 978-89-5862-371-7 93900

만든 사람들

기획 | 선완규(swk2001@humanistbooks.com) 김서연(ksy2001@humanistbooks.com)
편집 | 김성천
디자인 | 유주현